LaoShang

ShengMing

De SeCai

烙上生命的色彩

上海大学市北附属中学"生涯教育"渗透学科教学的实践探索

主　编　陈　芬
副主编　吉栋磊

文汇出版社

图书在版编目(CIP)数据

烙上生命的色彩：上海大学市北附属中学"生涯教育"渗透学科教学的实践探索 / 陈芬主编. —上海：文汇出版社，2021.3
　ISBN 978 - 7 - 5496 - 3426 - 2

　Ⅰ.①烙… Ⅱ.①陈… Ⅲ.课程-教学研究-高中 Ⅳ.①G632.3

　中国版本图书馆 CIP 数据核字(2021)第 036421 号

烙上生命的色彩
——上海大学市北附属中学"生涯教育"渗透学科教学的实践探索

主　　编／陈　芬
副 主 编／吉栋磊
责任编辑／张　涛
封面装帧／梁业礼

出 版 人／周伯军

出版发行／文匯出版社
　　　　　上海市威海路 755 号　(邮政编码 200041)
经　　销／全国新华书店
排　　版／南京展望文化发展有限公司
印刷装订／上海新文印刷厂有限公司

版　　次／2021 年 3 月第 1 版
印　　次／2021 年 3 月第 1 次印刷
开　　本／787×1092　1/16
字　　数／190 千字
印　　张／12.5

ISBN 978 - 7 - 5496 - 3426 - 2
定　　价／52.00 元

·版权所有　侵权必究·

本书为2017年度上海市教育科学研究项目"普通高中'浸润式'生涯教育的课程体系建构与实施"的研究成果

（项目编号 C17020）

目录 Contents

代序　从浸润式生涯教育走向融入式生涯教育： 　　　　　　刘德恩　001
　　　通过有意义的高中生活实现全面发展

前言　　　　　　　　　　　　　　　　　　　　　　　　　　　　　001

第一章　破题——构建未来的教育　　　　　　　　　　　　　　001
　　　　　全景透视："生涯教育"理念引导课程创生

构建浸润式生涯课程体系　为学生 HAPPY 人生奠基
——上海市"高中生涯辅导课程开发"项目阶段性成果简介………陈　芬　003

生涯元素渗透课堂背景下的高中学科教学设计……………………吉栋磊　013

教师转变观念　课堂改变模式
——在思想政治课中渗透职业生涯规划教育的实践与思考………秦　利　022

用化学核心素养"检验""生涯教育"的"精度"…………………张　赟　027

剥茧抽丝明学理，顺应社会促生涯
——基于 Python 数据可视化的案例生涯探索………………………毛程毅　036

第二章　解题——培育素养的融会　　　　　　　　　　　　　　045
　　　　　全域覆盖："生涯教育"元素渗透学科课堂

让"生涯教育"在学生英语时政素材翻译中"热身"………………周　捷　047

巧用数学方法，学做管理小达人
　　——以《线性规划》一课为例浅谈在数学教学中渗透"生涯教育"……… 黄艳艳　056

在逻辑电路教学中萌发职业生涯兴趣
　　——《第九章 D 简单逻辑电路》教学案例 ……………………………… 吴勤盛　063

从元素周期律中启示生涯认知规律
　　——化学学科渗透生涯元素案例 …………………………………………… 蔡秋丽　070

分析化学与职业生涯分析牵手
　　——硫酸根离子的检验 ……………………………………………………… 祝岩岩　076

在物理实验探究中植入生涯能力意识 ……………………………………………… 郑尹杰　082

光合作用实验引出生涯渗透教育
　　——生命科学生涯渗透案例 ………………………………………………… 邹佳伟　087

第三章　释题——回应现实的善导　　091
全程对焦："生涯教育"启蒙贯穿课程教学

在《了解国家财政》课中体现"生涯教育"元素 ………………………………… 孟晓玮　093

历史学科渗透"生涯教育"
　　——以《罗马法体系》为例 ………………………………………………… 程苇苇　100

穿越 Vincent Van Gogh 的"生涯教育"渗透 ……………………………………… 尹　静　106

"苹果出口之路"对生涯规划的启示 ……………………………………………… 吴佳琪　110

在职业任务中感悟语言的语用价值
　　——记牛津英语 S3 U4 的一堂阅读课 ……………………………………… 吉栋磊　117

历史教学视野下的"生涯教育"
　　——以《商朝与青铜文化》与考古研究为例 ……………………………… 杨　浩　122

当"生涯教育"邂逅"环境监测员" ……………………………………………… 蔡秋丽　126

行业与职业：Architect, designer or draftsman?
　　——高三阅读试卷讲评课的联想 …………………………………………… 吉栋磊　133

第四章 品题——基于发展的倾情　　　　　　　　　　　　　　　137
　　　全频共振："生涯教育"愿景对接学生成长

诗意的人生　诗意地栖居
——古诗教学生涯元素渗透案例……………………………董莉莉　139

从英语课文学习中见识旅游相关职业
——以"A woman's place is in the home?"课例为例…………杨小花　147

在解析几何教学中相遇"生涯教育"………………………………王　卿　152

用化学反应"合成"人生畅想………………………………………金　晨　156

让"生涯教育"在"核裂变"中获取能量……………………………吴勤盛　164

基于"生涯教育"的英语阅读课堂…………………………………杨婉琪　170

鱼与熊掌可否兼得？
——《合成氨工业》课中的条件选择教学案例………………祝岩岩　175

专家评析　　　　　　　　　　　　　　　　　　　　　　　　181

寻找生命色彩　奠基精彩人生……………………………………沈之菲　183

从浸润式生涯教育走向融入式生涯教育：
通过有意义的高中生活实现全面发展
(代序)

对于高中教育，学生、家长、老师和校长都很关心：怎样努力学习可以进入理想的大学？这当然没有错。但是什么才算得上真正的"理想"？这个问题并没有那么简单，许多青年进入了似乎"理想"的大学后，却未能真正如愿，以至于出现严重的厌学现象。而且这也成了值得重视的国际现象。

生涯教育的产生与发展的基本背景，正是为了面对这种问题，即通过合理选择专业与课程，一方面要发现和发挥个人的潜能，另一方面适应社会发展的需求及其变化。实际上，上大学并非真正的人生目标，而只是实现目标的途径，真正的目标应该是成为怎样的人、成就怎样的事业。但遗憾的是多数青年却把途径当成目标，而一旦达成了所谓的"目标"(实为途径)，却陷入迷茫，或被动调适目标。这正好反映了生涯教育的缺失。

对于高中生来说，生涯教育的意义至少包括三方面：(1)通过自我探索，帮助学生发现真正的目标，从而产生可持续的学习动力；(2)在个性探索的基础上，帮助学生探究学科、专业与职业的特性，找到适当的学习和解决问题的方法，提升学习效率与效果的方法；(3)通过多种探索活动体验，帮助学生积累关于学科、专业、职业的经验，进而提升自我发展、生活管理、人际适应能力，获得可持续发展的综合素养。遗憾的是，在应试的压力下，多数高中生的探索经验是贫乏的，不利于他们的长远发展。

实施生涯教育的途径有很多，但最典型的有三种：(1)专题活动，包括生涯规划讲座、选科指导、志愿填报指导、专业/职业沙龙、职业测评、大学或职场参访等。这种方式主题集中，时间短，可以针对性地达成短期效果，缺点是缺乏系统性和长效性。(2) 必修或选修专门的生涯课程，纳入课表并有专门的老师来组织实施。这种途径的生涯教育能够做到系统而持续，但需要专门的教师，并挤占课时，容易因与其他课程产生冲突受到师生和家长的排斥，尤其是当教师水平不高、授课效果不好的时候。(3) 渗透式的生涯教育，即不强调专门课程，而主要通过把生涯教育的基本理念与方法渗透到各科教学、课外活动、家长工作等日常生活中。其优点是节约实施的时间、人力成本，并能与其他学习生活有机结合，并达到可持续的效果，但实施的难度比较大——既需要全员动员，也需要改革全校教育工作的基本理念和方式。而上海大学市北附属中学实施的生涯教育就属于这种能够取得可持续的成效，但又极富挑战的模式。

生涯教育可融入的领域大体有两种：正式的文化课程、非正式的课外活动和校园生活。在正式的文化课中融入生涯教育，按照融入程度，有以下几种融入方式：(1) 联结，即在文化课内容和生涯教育内容之间找到有关联的地方，以便在上文化课时联系到自我认识或生涯探究的内容。(2) 拓展，即对文化课内容拓展到具有生涯意义的新领域，如语文课拓展到语言文学相关的专业生活，数学课拓展到在工程技术与商业领域的应用，英语课拓展到职场英语的交流等。(3) 整合，即将生涯教育的理念、方法与文化课内容融合为一个统一的整体，不再有明显的界限，像专业人员那样用专业的理念与方式探究文化课，如专业化的任务本位的英语教学，像工程师那样做数学实验，像历史学家那样做历史考证或口述史调查，等等。(4) 转化，即把本来缺乏生涯发展意义的文化课，转变成为具有生涯发展理念与方法的课程，课程的目标、内容选择、课堂活动安排、学习结果评价都能体现出生涯发展的意义，从而使得课程与教学既是文化课学习的过程，也是生涯体验的过程，让学生时时处处体验到课程学习的学科精神、生活价值和个人发展意义。由于每个学科都有相对的界限，在正式课程中渗透生涯教育的主要课题是如何突破学科界限，逐步深化生涯教育融入的程度。这四种融入方式中，融入的程度越深，生涯教育的效果就越好，但实施的难度也越大。

生涯教育融入非正式的高中生活，形式更加灵活多样。这种生涯教育融入

代　序

不必强求系统性，但求融合主题的鲜明性和广泛性，因此如果每次主题活动的主题鲜明、学生参与得充分，就可以达成良好的效果。同时，融入活动要有一定的广度，最好尽可能涉及各个主要的专业和行业领域，否则不仅容易有失偏颇，也易于造成学生因缺乏新鲜感而失去参与的积极性。

从这本案例集可以看出，上海大学市北附属中学的浸润式生涯教育是渗透式模式的有益尝试，他们既渗透到正式的各科文化课中，也渗透到非正式的课内外高中生活中。这种做法是全校动员的过程，也是学校与家庭和社区合作的过程。从内容与效果来看，这样的浸润式生涯教育做到了学科教育与生涯教育的有效结合，在促进学生生涯发展的同时，促进他们文化的学习。

我们希望上海大学市北附属中学继续推进浸润式生涯教育，甚至可以在浸润式生涯教育的基础上主动而为，以浸润为起点，逐步发展为融入式生涯教育，进一步拓展生涯教育的领域，深化生涯教育融入的程度，从而在促进学生发展的同时，提升教师们的教育水平和生涯发展水平。

刘德恩

2020 年 9 月 30 日

作者简介

刘德恩，安徽阜阳人，史学学士，职业技术教育学硕士，教育学博士。现任华东师范大学教育学部副教授、硕士生导师，兼任华东师范大学、东华大学、上海市高校毕业生就业中心生涯顾问。曾主持"体验式的生涯学程的开发研究"等市、部级以上课题 5 项，专著或主编《民国时期上海职员的生活与教育》《职业教育心理学》《职业生涯规划》《就业设计》等。

前言 | Preface

生涯，指生命的长度，也指人生，现泛指从事某种职业的生活。"生涯教育"，是指导学生根据自身条件及其环境影响，对未来实现人生目标及其职业生活进行有目的、系统性的规划、选择、创建、应变的能力，掌握发展主动权，避免陷入无序、盲从的困境。

当今社会是一个开放多元的社会，每一位学生都有多种不同的人生道路和职业生活的选择，谁掌握"生涯发展"认知规律，谁把握"生涯教育"内在精髓，谁谋划"生涯规划"科学合理，谁就是人生发展赢家、职业发展高手。

作为上海市首批"高中生涯辅导课程开发"特色项目学校，上海大学市北附属中学开展的"生涯教育"渗透学科教学的实践，是上海市"高中生生涯发展辅导与实践推进"特色项目，学校选择"生涯教育"作为高中育人的重要措施，打造办学特色的主要方向，是因为学校认识到学生将来的生涯"成色"与现时的"生涯教育"的开展程度及其质量休戚相关，把打开未来人生命运之门的钥匙交到学生手中，是学校对学生最肺腑的赠言、最殷切的期望、最诚挚的祝福、最周到的关爱。"生涯教育"在学校风生水起，也印证了学校对自身"生涯"发展的机遇把握、理性发展的"生涯"发展观的深刻认识与具体运用。

"生涯教育"是一项育人工程。以生为本，就是以学生的发展为本，抓住以学生获得发展能力的关键进行培育，是落实立德树人根本任务的校本举措。育人需有合适载体，要有关键内容，"生涯教育"把学生自主选择未来与燃烧生命之火有机关联，是充分接地气的育人工程。

"生涯教育"是一项智慧行动。学科教学渗透"生涯教育"，有着广泛的内容和联系的可能,这样学科核心素养有了表达的载体,课堂转型有了撬动的支点;教师说课有了演绎的内容,学生学习有了生命闪光。"生涯教育"激起了课程与课堂的"裂变"反应,开启了教师与学生的能量转换。

"生涯教育"是一项幸福交付。学生生涯关乎生命绽放的鲜度、生命闪耀的亮度、生命持久的长度,是学生终身大事。为学生插上生涯识别的路标,打开生涯选择的"密码",驾驭生涯发展的规律,编织生涯幸福的经纬,其意义深远。当学生将来历经人生、驰骋职场之后,回眸学校的"生涯教育"时,含笑会意,幸福感丛生,这才是学校"生涯教育"所要的回报。

开展"生涯教育"的目的,正如本书所述的主旨,是"为学生幸福人生奠基","通过生涯导航帮助每一位学生找到生命中最亮丽的那一抹色彩,找到适合自己发展的坐标,最终实现 happy 人生"。这是学校宏大志向。理念至尚,付诸有力;特色鲜明,成果已硕。在学校有序创新运营下,"生涯教育"之惠一定会造福广大学生,让学生在生涯的起跑线上奋力跃起,向辉煌的人生旅程一路冲刺。

第一章
破题——构建未来的教育

教育,面向未来;课程,连接人生;生涯,通往幸福。高中阶段学生,是"准成年"阶段,人生上面临着发展上的重要选择。生涯,于高中生有了真切实感的意义。"生涯教育",在学校犹如破茧而出的"蝴蝶",为学生的未来传播"花粉"。

全景透视：
"生涯教育"理念引导课程创生

　　"生涯教育"是为学生即将走向大学生涯或走上社会实现人生愿望的"功德"课程。说是课程，它不是一门单一课程，而是贯穿所有学科并且以学科渗透为主的大课程。生涯教育的融入，为学科教学的育人价值提供了新鲜燃料。

　　理念决定高度，细节拓展宽度，坚持成就深度。

构建浸润式生涯课程体系
为学生 HAPPY 人生奠基
——上海市"高中生涯辅导课程开发"项目阶段性成果简介

陈 芬

如果要问近期的校园流行语,一定会有很多同学自豪地告诉你:"我的未来我做主!"是的,"我的未来我做主"——这一来自学生心灵深处的呐喊,已经形成强大的冲击波,不断推动同学们用前所未有的勇气和强有力的行动力,去问鼎从未涉及的领域。在不久前举行的上海首届中学生"未来杯"课外活动四个项目竞赛中,我校有两个项目获奖,一是学生自编自导自演的微电影《梦·缘》获得二等奖,二是由学生自主发起的研究性调查报告《寻找生命的色彩》获得三等奖。

当然,奖项只是一种荣誉、一种肯定,我们更看重的是同学们在这个过程中的自我成长,必须有足够的自信,才能喊出"我的未来我做主"的豪迈与气势。这也是近两年来我校开展"寻找生命的色彩"浸润式生涯课程体系建设的成效之一。

一、为何变:回应学生诉求,变革课程体系

(一)了解生情,回应诉求

根据生涯发展大师舒伯的观点,高中学生处于生涯探索阶段。这个阶段处于个人兴趣和能力逐步匹配的过程。在召开无数次的座谈会和举办"校长见面日"之后,我们在梳理"诉求"的时候发现,探索阶段的学生是一个充满矛盾的统一体。其共性特征具体表现为:

1. 对未来迷茫却又有掌握未来的意愿

高中生对话语权要求很高,尤其是发展与未来的问题。但由于缺乏经验、能

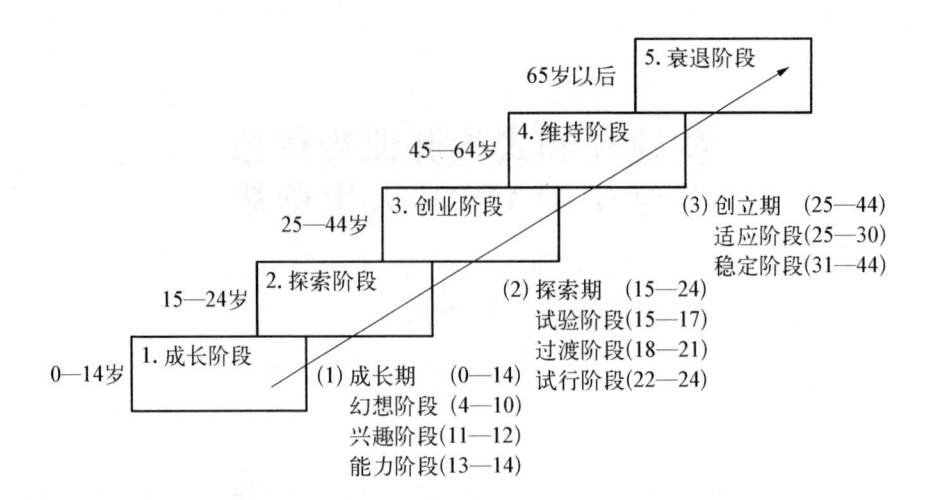

```
                                    ┌──────────────┐
                              65岁以后│ 5. 衰退阶段  │↗
                         ┌──────────┤              │
                    45—64岁│4.维持阶段│
              ┌──────────┤          │         (3) 创立期 (25—44)
         25—44岁│3. 创业阶段│                  适应阶段(25—30)
    ┌──────────┤          │                  稳定阶段(31—44)
15—24岁│2. 探索阶段│         (2) 探索期 (15—24)
┌──────┤        │                 试验阶段(15—17)
0—14岁│1. 成长阶段│                过渡阶段(18—21)
│            │                试行阶段(22—24)
└────────────┘
          (1) 成长期    (0—14)
             幻想阶段 (4—10)
             兴趣阶段 (11—12)
             能力阶段 (13—14)
```

力和素养,他们不清楚自己的喜好、兴趣,没有规划,对未来担忧、迷茫甚至畏惧。例如,学生选专业的迷茫,学生对父母之命或老师指导的反叛。

我们的回应:从2018学年开始开设每周一节"生涯基础课",同时对学生进行兴趣、性格、能力的测试,帮助学生了解自我。

2. 带着虚拟感感知现实

高中生沉浸在网络和动漫中,在虚拟世界中获得成就感。他们在虚拟世界体会真实感,而在真实世界带着虚拟感生活。

3. 自我发展意愿强却弱化规则意识和职业价值观

高中生充满自信,关注自我发展,追求成就感,个别化程度高。但是,他们弱化对规则的尊重,尤其对职业价值观缺乏正确的判断。

我们的回应:强化规则教育、责任教育;在传统活动中,如体育节、艺术节、读书节中有意识提供"角色扮演"和"职业体验"的机会;设计暑期生涯营活动,在活动中让学生体验真实感;开展生涯人物访谈、"观大师,学做人""自由着装日""手机开放日"等活动,引导学生树立正确的价值观。

4. 想要成功和发展却缺少学习素养、自信和毅力

我校部分学生在学习能力,尤其是高阶思维上,学习方法、学习坚持力等方面欠佳,甚至因为学业表现不良而长期缺少自信。

我们的回应:在学习和活动中引导学生认识自我、悦纳自我;开展多元评价

方式,以"校园之星"评选、"校长眼中不一样的你""升旗仪式风采展示"等活动呈现出每一个学生不同的色彩。

生涯专家金树人先生认为,根据生涯成熟程度,将人们分为生涯已决定者、生涯未决定者、生涯犹豫者、生涯适应不良者等四类。对于高中生而言,也相应存在类似的四类学生。据对高一新生的不完全统计,我校仅有5%左右的学生属于生涯已决定者,对自己的兴趣、爱好、能力特长有比较清晰的认识,目标明确;约有65%的学生属于生涯未决定和生涯犹豫者,他们有的不知道自己的兴趣是什么,对自己的能力又不够自信;有的模糊知道自己的兴趣,以及自己将来想要的生活,但是家长的期待与自己的期待不相一致,于是干脆放弃思考;还有30%左右的学生由于各种情绪、行为等问题偏差,从不思考自己的未来,糊里糊涂,类似生涯适应不良者。

我们的回应是:开展全校性的生涯教育活动,以激发学生的生涯意识,增强自我发展的原动力。

(二)高考综改　抓住契机

在我们构思课程新方案之时,恰逢滚滚而来的新高考改革浪潮。这场旨在为学生成长成才提供更多机会和更大舞台的高考综合改革,最大的变化就是把学生的选择权由"被动"变为"主动"。因此,如何让学生根据自己的兴趣与特长"愿选择""会选择"和"能选择",成为社会对学校教育提出的要求。

抓住改革契机,学校于2017年7月成功申报上海市"高中生生涯发展辅导与实践推进"特色项目,并成为上海市首批"高中生涯辅导课程开发"特色项目学校。

综上所述,根据学生需求以及时代召唤,我们仅仅用碎片化单项式的活动和课堂来回应是远远不够的,必须要形成一套有助于学生生涯成长的行之有效的课程体系,为学生能更好地掌控未来、做自己人生的主人提供有主张、有制度、有载体的精准服务。

二、如何变:构建浸润式"生涯教育"课程体系

为顺应学生发展的需求,我们重新梳理了办学目标,具体表述为:"开启生涯

导航教育,为学生 HAPPY 人生奠基","HAPPY"除了表达"幸福快乐"的本意之外,还蕴含了学校的"四格"育人目标——

格尚尚德(Honor):品德高尚;

格业业绩(Achievement):业绩丰富;

格行行知(Practice):知行合一;

格韵韵美(Personality):气质得体。

三年的高中生涯,在"让优秀成为一种习惯"的办学理念引领下,以"四格"育人目标为指向,通过生涯导航帮助每一位学生找到生命中最亮丽的那一抹色彩,找到适合自己发展的坐标,最终实现 HAPPY 人生。

为此,我校确立了"寻找生命的色彩""浸润式'生涯教育'"课程体系,通过"全学科"渗透、"全方位"浸染、"全贯通"发展的方式,促进学生"自我觉察"——"自我探索"——"自我规划"地成长,从而为走向社会打下坚实的基础。

我校"浸润式"生涯课程体系(梦想轮)模型

(一)"全学科"渗透生涯元素,推进"生涯教育"整体性

针对目前"生涯教育"与学科教学的绝对分类、学科与学科之间的割裂问题,以"生涯教育"为主题,推进整体性。

课堂是"生涯教育"的重要途径。我们希望通过生涯元素全学科渗透、生涯基础课两大类的课程教学,达到以下目的:通过课堂知识点的传授,结合学生兴趣、能力、性格、价值观、专业认知、职业认知等维度展开,在掌握知识与技能的同时,帮助学生认识和理解生涯的相关概念,明确生涯规划的重要性,强化生涯规划意识;促进学生对自我与环境进行探索,帮助学生认识自我的个人特质,发现自我潜在能力,澄清自我价值观,发现成长环境资源,获取教育和职业信息,认识教育和职业的关系;引导学生自主规划生涯发展,明确高中阶段发展目标,制订个人行动计划,提升自我决策能力,建立积极的生活态度。

因此,我们制定了基础型学科渗透三条统领性逻辑链,即:

1. 高中学科:行业专业——职业形势;
2. 高中学科:核心素养——职业能力;
3. 高中学科:学科德育——职业价值观。

以学术季展示的四节课为例:

陈亚红老师的一节别有风味的地理课"与《锋面系统》谈一场恋爱"——此恋不关风与月,只因教育有情痴。从相约、相识、相知到相融,陈老师把一节课比作一场恋爱。既重教育本真,又能静待花开。从生涯的角度,可分为三个层面:知识之恋:通过自主学习、合作探究、应用探索等环节,有效培养学生信息收集、分析、合作、问题探究能力等可持续的"学力",积累地理科学素养和人文素养,提升适应未来、创造未来的能力;教师之恋:人对一种知识和本领掌握后终身受用的时代已经一去不复返了,教师依托课堂,用心"关爱"学生,重扬长,更重补短,尤其对那些尚未开放的花朵,倾注更多的耐心,用心"培根",静待花开,为终身发展奠基;学生之恋:通过课堂参与,学生实现自我了解、发现潜能、习得智慧,获得职业见解,激发职业动机,从而保护生命的活跃,激扬生命的激情。

周捷老师的英语拓展课《VR——我们的未来》,通过虚拟现实技术在各类职业中的应用,让学生了解虚拟现实最大的魅力在于激活共情心,通过课堂来培养学生移情共情的意识和能力,并结合英语的一种写作修辞法 appeals to emotion 将这种能力显现出来。

化学作为一门以理论和实验为基础的自然学科,教学过程中渗透的生涯元素,主要体现在自我认知、生涯设计和职业能力三个方面。张赟老师的《结晶水合物中结晶水含量的测定》这节课是通过学生对化学实验步骤与流程的认知、现象与结果的表述、问题与方案的解决等过程的体验与处理,感受化学学科知识在实际生活与工作中的应用,提取在学习、生活、工作中,化学学科学习与应用过程中的重要观念与态度、操作手法与细节,将其内化为化学学科核心素养。

孟晓玮老师用"未来同学会"的形式,把生涯规划的理念和愿景传递给学生,给了学生想象并邂逅未来的自己和朋友的空间,通过这种想象的设定使学生重新审视自己现在的状态和规划的合理性,帮助学生寻找、调整更正确的规划方向,并了解影响生涯规划结果的影响因素。

(二)"全方位"浸染生涯环境,实现"生涯教育"协同性

"全方位""生涯教育",就是要为学生提供整体生涯环境,解决课堂教学与德育活动、生涯理论与实践体验之间的脱节问题,以"生涯教育"为目标,推进协同性。

我校针对已有的德育活动进行梳理和总结,将活动进行系列化和课程化,从而形成实践意义和校本特色,提升推广价值,以促进高中生的"生涯教育"成效。按照"课程目的""课程思路""实施过程""课程亮点""故事案例""课程评价"等内容融入生涯元素的德育活动课程化。

学校还在体育专项课、拓展型和研究型课程中,鼓励师生聚焦"生涯教育"体验或"生涯教育"课题,实施相关课程。此外,学生还十分关注家校合作问题,每学期通过开设1—2次的家长学校,让家长了解生涯的内涵和重要性以及指导家长如何实施"生涯教育"。

"让美的行为闪光"德育系列课程表:

主 题		校 本 课 程
常规教育		《上大市北附中学生手册》专题学习 行规教育、法制教育、安全教育、禁毒教育 时政讲座、健康讲座、逃生演练
传统节日教育	春节	春节年俗活动介绍、春节年俗对联收集、撰写有关春节年俗趣闻
	元宵节	灯谜会、板报布置评比
	清明节	寻找先烈的足迹、民俗民风小调查

(续表)

主题		校本课程
传统节日教育	端午节	撰写端午习俗文章
	中秋节	师生古诗文诵读大赛
	重阳节	送长辈一份惊喜、东风敬老院活动
仪式教育		"香樟树下的追梦之旅"开学典礼 入团仪式 "香樟树下的成长"升旗仪式 唱响国歌 毕业典礼 志愿者上岗仪式 升旗手护旗手、主持人上岗仪式、交接仪式 高三18岁成人仪式
校园文化教育		校史教育 文化体育节 文化艺术节 生命人道"红十字"救护培训 读书节——走进经典,走近名人 学科节 诸子百家历史故事演讲
社会实践活动		高一军训 高二学农 "东风"敬老院活动 志愿者服务活动
特色教育		"观大师 学做人"课程 每周"主题教育"下的班级展示 附中讲堂 爱心义卖 社团活动 中日、中德、中马等国际交流活动 "校园之星"评选活动 "学生业余党校"活动

(三)"全贯通"发展生涯轨迹,构建"生涯教育"系统性

"全贯通""生涯教育"就是实现从高一到高三时间上的贯通、校内到校外空间上的贯通,并逐渐形成个性化教育和学校特色发展,推进系统性。

我校通过多次调整与优化课程建设,目前确立了两个特色课程群。一个是"邂逅未来的自己——职业人成长系列课程"(如图所示),共分三个模块。

模块一:职业初探。聚焦学生对"生涯"意识的初步建立,包括:香樟树之约——校友返校日活动、生涯人物访谈活动等。

模块二:职业体验。聚焦体验模拟对学生生涯意识的教育和促进作用,包括拓展型和研究型课程(含各类学生社团活动)、校内各模拟活动、校外各岗位实践体验活动以及每年暑期的"我和未来有个约定"生涯营活动。

模块三:职业素养。聚焦学生的展示教育和仪式教育,包括校园风采秀,学生科技节达人秀,微课程和3D体验馆(构想中)等。

"邂逅未来的自己"职业人成长系列课程结构图示:

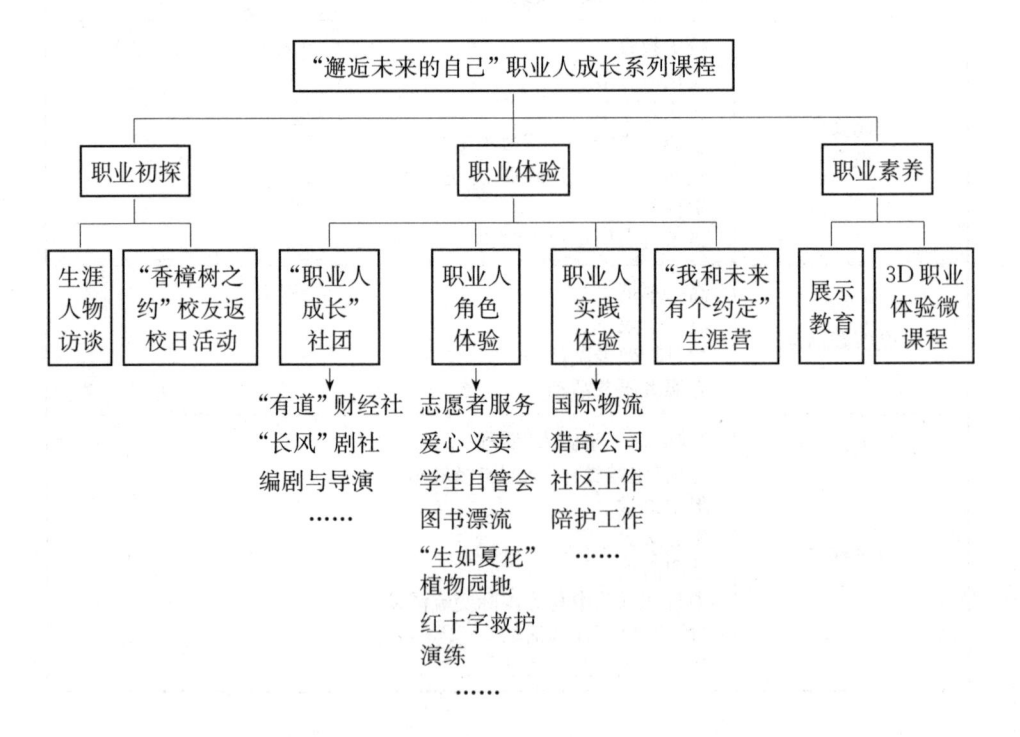

```
                    "邂逅未来的自己"职业人成长系列课程
                                  │
        ┌─────────────────────────┼─────────────────────────┐
      职业初探                  职业体验                  职业素养
        │                         │                         │
    ┌───┴───┐         ┌───────┬───┴───┬───────┐         ┌───┴───┐
  生涯    "香樟树   "职业人  职业人   职业人   "我和未来  展示    3D职业
  人物    之约"校    成长"   角色     实践     有个约定"  教育    体验微
  访谈    友返校     社团    体验     体验     生涯营             课程
          日活动
                      │        │        │
                   "有道"财经社  志愿者服务  国际物流
                   "长风"剧社   爱心义卖    猎奇公司
                   编剧与导演   学生自管会  社区工作
                   ……          图书漂流    陪护工作
                               "生如夏花"  ……
                               植物园地
                               红十字救护
                               演练
                               ……
```

另一个是:A·I美术课程群(Art+initiative+interdiscipline+identity)。

A是Art的缩写,i则是指initiative(创新)+interdiscipline(跨学科)+identity(个性、同一性);"A·I"也是"爱"的拼音,表示课程的美与价值和育人功能;同时"AI"本身代表了人工智能,体现课程的数字化、可视化、产品化。

它主要包括：致敬经典课、艺术鉴赏课、美术馆现场教学、创意设计课、研学采风，"文·画"作品集出版。

除了两个课程群之外，我校还推出了"生涯护照"，以"鸣笛启程·香樟树下的成长""踏石留印·让美的行为闪光""逐日追风·邂逅未来的自己""星光熠动·寻找生命的色彩"为四个板块，以档案袋评价的方式，分别记录了学生的学科学习、德育活动、生涯体验、生涯分析等内容，从而展现学生的兴趣、能力、优势的成长与发展。

金树人先生说："生涯不等于生命，生命可以是客观的存在，生涯的存在却是以个人主观意识所认定的存在。当一个人开始思考自己的未来时，生涯才开始'如影随形'。"

在学校生涯课程引领下，学生通过参与学校创设的各种活动，关于自我的部分（兴趣、能力、价值观等）会不断以各种形式呈现出来，生涯意识不断被激发。只有当学生觉察到生涯的存在，才会有生涯规划的可能，也就有了探索自我，探索环境的欲望。当一个人一旦开启自我探索的窗口，成长必然发生。此时，学校的各项生涯课程又可以成为他们的生涯试验场。每个人在自我探索的过程中，会遇到自己独一无二的与众不同的生涯议题。因此，我们每一位老师都要用"爱与智慧"鼓励学生积极尝试做自己高中阶段的生涯规划。而学生在自我生涯规划制定和执行过程中，一定会遇到挫折、阻力以及期待的冲突等，这个时候需要我们生涯导师的陪伴，帮助学生使用助力，突破阻力。

当一个学生在高中最重要的人生阶段能够完整地经历生涯的自我觉察、自我探索、自我规划过程，那么在进入人生下一个阶段时，所获得的生涯规划能力，以及那种油然而生的自主感，一定会成为学生未来生涯的主基调，帮助学生勇于面对未来的各种可能性。这正如我们期待中的"梦想轮"，带着各种梦想，滚滚向前，最终到达理想彼岸，实现 HAPPY 人生。

三、初步成效与思考

（一）初步成效

在初步构建"浸润式'生涯教育'课程体系"中，全校师生达成了共识："生涯教育"让人生更有目标追求,更有动力,更有效率,促进师生共同成长;"浸润式'生涯教育'"让学生更加自信、自主、自觉发展,充满实力;让教师更添智慧,让校园充满活力。

(二) 思考与展望

1. 在充分挖掘"铁路中学"历史传承的结合点的同时,进一步调动广大师生,进行生涯环境布置,拓展浸润式生涯课程的内涵和维度。

2. "浸润式'生涯教育'"要进一步与学生核心素养的培育紧密结合,进一步细化"四格"育人目标。

3. 加大"生涯咨询中心"建设的步伐,健全学生个人生涯档案。

我国著名小说家柳青在他的长篇小说《创业史》中曾经写道:"人生的道路虽然漫长,但紧要处常常只有几步,特别是当人年轻的时候……"我们多么希望,我们的学生在关系到人生选择的关键之处不要迷失;多么希望在校三年的时间里,我们的学生不但能够学习生涯的理论和原理,还能掌握一定的生涯技能,进行生涯实践,在实践中体验着成长;更重要的是,由此建立起来的生涯意识,一定会对学生的大学生涯或更远的职业生涯、人生规划打下良好的基础,从而实现 happy 人生。——这,就是我们教育人的责任和使命。

生涯元素渗透课堂背景下的高中学科教学设计

吉栋磊

一、问题探索

我校以"生涯教育"和艺术教育为学校特色项目。在课题研究和推进的过程中,课题组以生涯规划课程为研究起点,逐步推广到"生涯教育"特色课程的方案、实施与评估,基础型学科生涯元素渗透的教材、路径与模式,德育活动中生涯元素渗透的路径、方法与评估,大数据支持下的学生个性化生涯辅导以及生涯课程体系构建与实施过程中的保障机制等内容。

本案例主要描述我校研究基础型学科生涯元素渗透的路径与成效的过程。

在教研组中,我主要承担的任务是生涯元素渗透的教学分析与研究,主要包括:一是如何在平时的英语课堂中进行生涯元素的渗透,寻找路径与方法;二是通过路径与方法的比较,提炼生涯元素渗透的规律性要素并研究其成效。

二、描述分析

(一) 基础型课程生涯元素渗透的必要性

1. "生涯教育"课时问题

经过调研,教研组发现:当前上海高中学校"生涯教育"课程的种类繁多,但总体占课时比重均低。然而,在紧张的学业生活以及国家规定的各学科课时要求下,如何保证充足的"生涯教育"课时呢?

目前主要有两种做法:第一,利用双休日和寒暑假时间,延长课程时间;第

---

① 本文获静安区 2018—2019 年反思专项行动经验集二等奖。

二,通过课程整合和资源共通,将"生涯教育"融于其他课程和活动中。课题组认为:第二种方法不仅能够有效避免学生的学业压力和负担,而且还能够将生涯教育与学科教学融合,立体地实施对"人"的教育。

2. 学生缺乏生涯规划

有超过55%的学生没有对相关学校(指高一级学校)及其专业的了解,也没有对未来的规划。但是,随着学生年级的上升,学生生涯规划的清晰度和成熟度呈现递增。

针对这一问题,教研组思考的是:能否将生涯规划的理念和方法让学生尽快掌握,从而明确他们的学习目标、动力和信心,反哺他们的学业表现。

3. 学生生涯规划的资源主要在于老师

在学生使用各类生涯规划工具的人数占比方面,学校老师占69.62%、网络手机占68.47%、家长亲戚占49.06%、同学朋友占38.55%、电视报刊占18.22%、实践体验占13.08%。

在生涯规划工具的有效性排名方面:学校老师排名第一,占67.74%;家长亲戚排名第二,55.58%;网络手机排名第三,占34.12%;同学朋友排名第四,占31.65%;实践体验排名第五,占30.05%。

通过数据,教研组发现:学校老师、家长和同学不仅深深影响着学生本人的生涯规划,而且这三者都与学校组织有着紧密联系,都是人与人在打交道,都是通过对话沟通的方式进行信息和情感共享的。尤其是老师对于孩子生涯规划的影响力是比较大的。

4. 学生生涯规划的影响因素

个人方面:学习情况99.18%、兴趣特长92.84%、性格92.84%。

家庭方面:父母期望35.58%、家庭经济状况68.51%、人脉64.62%。

环境方面:预期收入94.07%、社会声望87.93%、职业前景87.93%、国家政策61.15%。

以上数据说明:学生在生涯规划的过程中,需要对自己的学习、兴趣、性格、国家政策、职业发展、声望与前景等有着明确的了解。针对这一问题,课题组思考的是:除了采取"引进来"的方法之外,是否能够在学校的课程中进行隐性的渗透呢?

5. 基于先前调研中显著性差异的结论

课题前期的调研报告指出：信息获取途径较多的学生不易受到兴趣的影响，信息获取途径较少的学生较易受到兴趣的影响（Sig=0.021）。国家政策在随着学生年级的上升，对学生的影响逐渐增大（Sig=0.007）；不同类型学校的学生对国家政策重视产生显著差异（Sig=0.01）。

由此可见，学生需要多渠道的信息获取路径，需要国家（招生）政策的分析，需要了解未来行业发展的趋势等来明确自己的发展方向，提升自己生涯规划的有效性。而这些则对各学科的老师提出新的要求。

综上所述，课题组认为：对于基础型课程渗透生涯元素的构想，其优点在于节约实施生涯教育的时间和人力成本，并能与其他学习生活有机结合，最终达到可持续的效果；但其实施的难度比较大，因为它既需要全员动员，也需要改革全校教育工作的基本理念和方式。而课题组想要研究并探索的生涯教育就属于这种能够取得可持续的成效、但有极富挑战的模式。

（二）学科教学中生涯元素渗透的循环研究

在基础型课程中实施生涯元素渗透的做法主要需要解决两个问题：第一，学科教学与生涯教育的比重问题；第二，生涯教育的途径和方法问题。

对于第一个问题，课题组坚持以学科教学为主，以核心素养为桥梁，实施无痕化的"生涯教育"。学科中的生涯，是一种带有明显学科特征的渗透教育，而不是灌输教育。

对于第二个问题，课题组认为，结合内生涯和外生涯的理论，老师们可以在学科知识与能力、相关行业现状与发展，以及学生技能与素养的角度找到生涯元素渗透的方法与路径。

课题研究过程中，针对这一问题，老师们主要经历了三个阶段：

1. 以三维目标中情感价值观为核心的生涯教育

最初阶段，老师们通过生涯教育培训基本理解了什么是生涯，了解国内外生涯教育的发展，认识到了生涯教育的重要性。但是对于如何在课堂中渗透生涯元素缺乏思考，更无实践经验。经过多次讨论与分析，教研组发现：现有教学目标中,情感价值观目标与生涯教育有着较大的关联性。课题组就以情感价值观目标为突破口,或是将生涯目标融于情感价值观中,或是模仿情感价值观的表述与课堂呈现方式来确定生涯目标,聚焦生涯(渗透)教育目标的确立与落实,进行了第一轮的课堂教学观察与行动研究。比如:

在高二牛津英语第二学期 U5 阅读课中,教师确立了"树立学生环境保护的意识"。在高二牛津英语第二学期 U2 阅读课中,教师则确立"微笑的功能"或者"正确处理与同事/同学的关系"。在高一牛津英语第一学期 U4 单元中,教师确立了"热爱自然""热爱科技"的主题。在高一牛津英语 U6 单元中,则确立了"提升饮食健康意识,养成均衡饮食习惯"。

经过第一轮的探索性课堂教学研究之后,课题组得出以下结论:

(1) 在增加并确立生涯教学目标之后,课堂教学不但没有弱化学科主体,而且使教学目的更具有实践意义,更能够挖掘出知识背后的人文、社会或科学价值。

(2) 在融入生涯元素的课堂活动设计之后,教学任务更能激发学生兴趣,学生主观上参与体验的意识更强烈。

(3) 学生更容易了解本节课的教学目的,更深入认识到学科的价值。

(4) 教师将更多的精力放在生涯目标的融入与确定上,教学方法与活动设计还未能支撑生涯渗透教育的实施。这就出现两大问题:一是课堂教学的生涯特色不充分,大多只能在教学目标上体现,其他教学设计与传统型教学没有区别;二是课堂活动改革力度不大,在实践层面上不具有生涯教育渗透的功能。这是生涯元素渗透的关键性、突破性问题。

因此,对于生涯元素学科渗透的问题还需要进一步优化。

2. 探索生涯元素渗透于课堂教学的四条途径

基于以上的研究结论,课题组遵循"基于学科本位的生涯元素渗透"原则,建议全体教师挖掘学科专业本体,践行学科核心素养,达成"这本身就是生涯教育"的共识。课题组以座谈和访谈的形式,结合学科特点具体制定了生涯元素融入各学科的核心要素的路径,帮助教师更好地在课堂教学中落实生涯教育,具体来说:

自我认知——在学科学习中,学生能够更好地了解自我。主要包括:兴趣、性格、特长、潜能、价值观等。

职业环境——在学科学习中,学生能够了解与学科有关的行业发展和最新动向。主要包括:相关政策、行业、岗位、家庭、社会等。

生涯设计——在学科学习中,学生能够掌握生涯设计的思想与方法。主要包括:生涯目标、设计方法(分类讨论、控制变量、辩证等)、设计途径等。

职业能力——在学科学习中,学生能够结合目标,培养与生涯职场相关的能力。主要包括:表达、倾听、合作、探究、组织、策划等。

这里举一例说明:

我校杨小花老师则以"A woman's place is in the home?"为尝试,这篇文章是牛津英语教材高三上学期分册 Unit 2 的 Reading 部分,课文内容为正反双方辩论女性该在家相夫教子还是在职场打拼。她还结合高中学段牛津教材有关旅游业的文本,例如高一分册的"Body language"和"A taste of travel"、高三分册的"What is ecotourism?"等,在课堂教学中让学生体验一把与旅游相关的各个职业,例如旅游业行政管理人员、旅行社高管、旅游咨询师、旅游顾问、导游、旅行指南作家等。

在牛津英语高一上 Unit 2 Care for your hair 的课文中,杨婉琪老师基于话题 The Human Body,围绕主题语境"人与自我",引导学生关注自我、关爱自我。本文以理发店 Connie's 为背景,向同学们介绍了脸型、发型、护发方法等生活化的内容。

经过第二轮的试验研究之后,课题组得出以下结论:

(1)教师已从如何选择和确立生涯教学目标,转到如何在确定的目标下设计教学活动。

(2)课堂教学活动中至少有一个能够紧紧围绕生涯目标,活动体现了教师精心的设计,且对学生完成任务和生涯教育有着充分的支撑。

(3)课堂教学活动主要采用小组合作、角色扮演和分层任务落实生涯教学目标。

(4)学优生或有浓厚兴趣的学生更热情、更愿意参与任务和活动,学困生也能被激发兴趣、完成基本任务和要求并获得信心和成就感。

(5)在以生涯元素渗透的课堂教学中,个性化学习的思想和路径逐渐显露,值得课题组和教师进一步研究与探索。

(6) 除了课堂教学活动之外，教学材料筛选、作业设计等都可以渗透生涯教育目标和个性化学习的思想，这为生涯教育提供了坚实的保障，有待系统、深入思考。

但是，在推广到全体教师的过程中，课题组发现了新的问题：

第一，目前的生涯元素渗透路径有可能因为过于突出生涯元素而弱化了学科本体内容。

第二，目前的生涯元素渗透路径中有一条"生涯设计"，它不仅需要每一位学科教师完全熟知生涯教育的内涵、方式与技巧，而且还要依托于学生三年的整体发展。这就要保证尽量减少调换任课教师。这些与现实情况不吻合，操作难度极大。

基于以上分析，课题组从"学科与生涯教育的衔接与关系"以及"使全体任课教师便于理解、容易操作"的角度，再次调整了生涯元素渗透的路径，试图将其简化。

3. 确立学科教学渗透生涯元素的三条逻辑链

经过一年半内两次循环教学与研究，课题组将基础性学科生涯渗透的路径梳理并最终确定为三条统领性逻辑链，即：

(1) 高中学科——行业专业——职业岗位

(2) 高中学科——学科能力——核心素养

(3) 高中学科——学科德育——人的发展

本书收集的所有案例均是以这三条逻辑链开展实践研究的。我们可以从以上完整的案例中看出：老师在教案中明确表述了本节课生涯教育的目标；更重要的是，老师将生涯元素融入到课堂教学任务和活动中去；老师将学科知识（行业知识）、能力素养（岗位能力）和价值观（职业价值观）融为一体，成功实现了学科教学中渗透生涯元素的理念。这既为高中生生涯教育开拓了新的思路和途径，也突出了学科知识和核心素养。

英语教师吉栋磊在牛津英语 S3U4 的一堂阅读课中，以筹备现代婚礼为例，设计了材料阅读、情景模拟（职业任务）和文章用词（语用价值）的活动，让学生体验各个分工角色，并学会在情景中用地道的英语表达。另外，在同一婚礼主题下，课文中对婚礼筹备的介绍、教堂中的婚礼誓词、媒体中的广告词、生活中的报价单和精算师的建议书在用词方面有着较为明显的不同。学生们不仅在这堂课中初步体验与婚礼有关的业务，也在真实的语境中体会单词传递的语用价值。

周捷老师的英语课则通过虚拟现实技术在各类职业中的应用,让学生了解虚拟现实最大的魅力在于激活共情心,通过课堂来培养学生移情共情的意识和能力,并结合英语的一种写作修辞方法将这种能力显现出来。

以高三翻译复习为主题的英语课中,教师确定的生涯教学目标为:让学生通过对比中英文的表达差异,对祖国文化有更深刻的认识,从而提升学生的爱国主义情操;向学生呈现我国翻译家们工作的内容和性质,所要具备的语言素养,窥探他们的精神世界,这对未来有志于在翻译领域发展同学有一定的指导意义。

正如下表所示,课题组正是在三次循环研究和探索中逐步确立了生涯元素融于学科教学的三条路径,并使其具有较高的实操性、易用性和指导性。课题组历时3年精选25篇案例,涵盖了高中10门学科,修改5稿,记录了学科教师如何在日常课堂教学中渗透生涯元素。

学科教学中生涯元素渗透路径的三次循环研究汇总

	第一次	第二次	第三次
途径	以三维目标中的情感和价值观为生涯教育目标	自我认知、职业环境、生涯设计、职业能力	高中学科——行业专业——职业岗位 高中学科——学科能力——核心素养 高中学科——学科德育——人的发展
核心价值	挖掘学科德育和德育教育中的生涯元素	以生涯教育的角度审视学科教学	充分衔接学科教学与生涯教育体现"浸润式"的内涵
优点	具有很强的操作性受老师欢迎	突出生涯教育的特征及其重要性	对教师有指导性且可操作性强 呈现学科教学与生涯教育的融合过程
不足	未能体现生涯教育的特征和本质	弱化学科教学本质 对教师要求极高 不易落实和操作	有待进一步探索和研究

三、反思与启示

(一)学生与教师的变化

1. 学生的改变

通过带有"生涯教育"和个性化学习特征的基础型课程的实施,我校学生参与市级竞赛的人数提升了30%~50%。其中,学科竞赛类获奖人数增加了20%左右,科技艺术类获奖人数增加了30%左右,运动竞赛类获奖人数增加了40%左右。

无论是学优生还是学困生,都在课堂上有所成长和发展。由于采用个性化学习的模式,学生的学业压力有一定的减少而又得到保障。对学习有了信心和兴趣,与老师的关系也更和谐融洽。

学生撰写的研究性学习报告中,量的积累推动质的变化,主要表现在视野更加开阔,思维更加敏锐,不仅关注自身,更加关注社会和民生;研究的课题横跨社会三大产业;研究的深度,从职业体验的感悟到深入调查产业现状与未来发展趋势,可谓精彩纷呈。

学生树立了规划意识并愿意为之探索,对学校的生涯和专业特色课程有了更大的需求,更愿意、更自发了解大学专业和行业发展,明确学习的目标从而对学习更有动力。

2. 教师的改变

(1) 深入理解立德树人的内涵

由于"生涯教育"的关注点是"人",旨在促进学生的成长。为此,教师在课堂教学中渗透生涯元素、实施"生涯教育"的同时,就开始关注到"立德树人"的重要性。职业价值观对学生选择职业和职场发展起着重要的作用,而只有通过课堂上润物细无声的方式,才能落实教师对学生的谆谆教诲,使教育更有效,更被理解和接受。除了言传之外,教师的身教就是一种教育资源。所以,这也推动着老师们的职业价值观的提升。

(2) 对本体知识的深度挖掘

如何真正做到将本体知识与生涯元素融合呢?这不仅要求教师对"生涯教育"、生涯元素有一定知晓,更重要的是,在本体知识领域中,不断拓宽加深,找到两者的平衡点,避免把语文课、历史课上成了生涯指导课,也要避免由于加入了生涯元素之后,老师们不会上课的尴尬情况。因此,这一过程也引导着老师们,尤其是青年教师,对自己任教学科课程标准的细节、学科核心素养的深度把握,从而提升教师的本体知识。

(3) 给课堂教学带来新的生机

在生涯元素与学科核心素养融合的课堂里,学生自信、热情地参与课堂教学活动,并反过来又在课堂活动任务中,提升巩固了学科知识以及"生涯教育"。为此,这种教学理念(模式)也是一种新的教学发展方向,为研究教学法、研究公开课有效性的教师提供了新的思考点。

(二)教育研究方法的认识

1. 循环的行动研究方法

通过分阶段的循环研究,不仅能够较好地解决当下的困境和难点问题,而且真实地反馈出研究的过程,为探索实践模式提供有效的研究工具。

2. 从研究和实践中确立的课程逻辑链

从"自我认知、职业环境、生涯设计、职业能力"到"职业发展、职业能力、职业价值观"及其背后与学科的对应关系,课程的逻辑链是在实践中逐步产生的,因而,也是经过实践检验的,具有实践意义。

(三)对于生涯元素渗透的深刻认识

基础型课程中生涯元素的渗透,其价值在于:让学生树立起"天生我材必有用"的信念、明确发展进取的方向,为学习点燃熊熊烈火;让教师深入理解立德树人内涵、深度挖掘学科本体知识,给教学带来勃勃生机。

教师转变观念　课堂改变模式
——在思想政治课中渗透职业生涯规划教育的实践与思考

秦　利

在高中三个年段的思想政治课与职业生涯规划教育的渗透结合的背景下，"浸润式'生涯教育'"，可以帮助学生更好地进行自我认知，学会选择职业；可以丰富政治课的教学资源，提高教学实效；有利于培养学生的社会交往能力；有利于培养学生的核心素养。

一、实践背景

思政课中渗透职业生涯规划教育，就是通过高中阶段的思想政治课教学，通过整合教材知识，帮助中学生尽早认识自我、认识职业、认识教育与职业的关系、认识国家方针政策与个人职业发展的关系、学会职业决策，从小根据自己感兴趣的职业目标，从知识、技能和综合素质方面锻炼自己的职业竞争力。现有的教育要求除了教会学生知识，还要具备相应的技能，中学生职业生涯规划教育是素质教育重要组成部分，通过职业生涯教育可以为中学生未来的发展奠定良好的基础，更好地实现素质教育的目标。

具体研究内容分为三部分：一、职业生涯规划教育与高一思想政治课渗透和结合；二、职业生涯规划教育与高二思想政治课渗透和结合；三、职业生涯规划教育与高三思想政治课渗透和结合。

二、过程方法

本课题的研究方法为行动研究法。认真学习和领会国内外职业规划教育的先进理念和精神实质，在理论指导下实践，在实践中不断总结经验。采用"在实践中研究,在研究中实践"的方法来展开具体性的研究,通过"理论指导——方案设计——教学实践——理论提升——教学实践"的途径完成本课题的研究。

第一阶段,课题研究准备阶段:认真学习国内外先进的职业生涯规划教育理论。

实践需要理论的指导,为了更好地开展职业生涯规划教育,老师们都积极参加相关的理论学习活动。早在2015年暑期,我组的商会敏、孟晓玮和秦利老师就参加了职业生涯培训,经审核,具备相应的专业知识和技能,并于2016年1月通过人力资源和社会保障部中国就业培训中心举办的生涯规划师岗位培训考核,获得了职业培训证书。全组老师都全程参加了学校组织的各种有关职业生涯规划教育的培训,在理论上为职业生涯教育做了充分准备。

第二阶段,课题研究实施阶段。分三个年级同时进行,完成了职业生涯规划教育与高一思想政治课渗透和结合、职业生涯规划教育与高二思想政治课渗透和结合、职业生涯规划教育与高三思想政治课渗透和结合的研究内容。

第三阶段,总结经验,完成课题研究报告。

三、实践成果

(一)在思想政治课中渗透职业生涯规划教育的必要性与可能性

1. 帮助学生更好地进行自我认知,学会选择职业

政治课教学渗透生涯规划教育,可以帮助学生更好地进行自我认知,了解自己的性格特征、兴趣爱好,认识自己的优势和不足,积极看待自己的独特性和价值;可以使教师遵循学生的认知规律,调动学生学习积极性和主动性,充分激发学生的学习潜能,理智认识自我和社会,有效提高学生对自我和社会的认知力,更好实现自我价值。通过思政课的学习帮助学生树立正确的世界观、人生观和价值观,唤醒自我生涯规划意识,学会对自己的选择负责。

2. 丰富政治课的教学资源,提高教学实效

生涯规划在高中思想政治课教学中的渗透,有利于丰富高中政治课堂教学的内容,转变教学模式,激发学生学习动机,培养学科能力,让课堂变得更生动更有活力。在思政课教学中渗透生涯规划教育,可以使思政课更好地与学生生活

和社会实际相结合,有利于提高思想政治课的教育实效。

3. 有利于培养学生的社交能力,提升自信心

生涯规划在高中思想政治课教学中的渗透,有利于促进师生之间、生生之间、师生与社会之间的交流,提高学生的社会交往能力,为自己的未来做出最佳的职业生涯展望和规划。通过思政课教学和社会实践活动,可以更好地让学生了解社会主义市场经济条件下劳动和就业的特点,了解和体验不同职业的特点,在学业规划的基础上进行职业规划,在了解并掌握升学和就业所需技能的基础上,培养创业精神,树立积极向上的人生态度,努力做一个对社会有贡献的人。

4. 有利于培养学生的核心素养,促进全面发展

教育部《关于全面深化课程改革落实立德树人根本任务的意见》中有个引人关注的词:核心素养体系,提出了各学段学生发展核心素养体系,明确学生应具备的适应终身发展和社会发展需要的必备品格和关键能力,突出强调个人修养、社会关爱、家国情怀,更加注重自主发展、合作参与、创新实践。

职业生涯教育的核心素养,应当包括其高中生身份认同和持续发展需要具备的能力。主要来说应当包括:文化基础、自主发展和社会参与。思想政治学科的学科核心素养则包括:政治认同、科学精神、法治意识和公共参与。由于思想政治学科的显性德育功能,学科的核心素养与人的基础能力素养有着高度的一致性与内涵外延的深化延展关系,可以使其作为职业生涯教育的载体,在思想政治课教学中渗透落实。并且在高中思想政治课教材中涉及职业规划的话题很多,这就使高中思想政治课能更好地成为承载高中职业生涯规划教育的重要载体,为培养学生的核心素养添砖加瓦。

(二)高中思想政治课教学渗透职业生涯规划教育的方法和途径

第一,在思想政治课教学目标中增设职业生涯教学目标,与现有的教学目标相辅相成、相互渗透,实现职业"生涯教育"。

要在思想政治课教学中渗透职业生涯教育,必须在原有教学目标基础上增加一个教学目标:"生涯教育"目标。

课堂教学目标的确定和表述是课堂教学组织、教学内容选择、教学方法选取

的依据和标准,是教与学的出发点和归宿点。课堂教学活动中,教师根据所设定的教学目标评价学生的学习状态,并据此及时调整自己的教学组织和进度,以有效地达成目标。因而,恰当合理的目标是高效课堂的前提和保障。既然课堂教学目标在教学中起着如此重要的作用,在渗透职业"生涯教育"中,教师们需要花费足够多的时间和精力研究每节课的职业生涯教学目标,并准确地将之表述出来,为在思想政治课教学中渗透职业"生涯教育"确定依据和标准。

例如,秦利老师在高二《内部矛盾和外部矛盾在事物发展中的作用》教学中,为了实现职业生涯教育,设计了"重视就业内因也不忽视就业外因"的教学生涯目标,这个目标的设立就是运用内外因辩证关系原理分析解决个人的现实就业问题,适时融入职业生涯规划教育。本课这一目标的设立不但没有影响其他三个目标的达成,相反透过联系现实生活,理论联系实际,把抽象知识具体化,培养了同学们分析问题和解决问题的能力。

第二,整合思想政治课教材内容,根据教材知识间的逻辑联系,设计职业生涯教育的具体内容。

高中思想政治课教材中虽有涉及职业规划的话题,但很零散、隐性、不系统,需要教师进行梳理、整理,重新设计,以实现在思想政治课教学中渗透职业"生涯教育"。

第三,在思想政治课课堂教学中完成教学目标,落实职业"生涯教育"的具体内容。

第四,在课后实践研究活动中实现职业"生涯教育"。

1. 职业采访活动。由学生自主采访不同职业的从业者并写出采访报告,具体感受不同职业岗位对劳动者素质的要求,结合自己的具体情况通过"了解——对比——选择"树立初步的职业理想。

2. 职业体验营。它围绕职业人模拟、职业人成长和职业人体验三大主题,有针对性地开展职业"生涯教育"活动。在每个岗位和任务期间,学生们感受一次经历、体验一回成功、解决一个问题、积累一些经验、掌握一项技能,从而促进学生们了解职业与岗位特点、激发学习兴趣与动力、明确成长目标与方向,最重要的是学生能更客观更直接地认识自己、认识社会。

3. 假期社会职业体验活动。每次活动以"高中生——兴趣特长——大学专业——企业行业"形式展开,通过这样一条教育链将高中、大学和企业联系起来,帮助高中落实"生涯教育"。此外,每一个主题和任务都环环相扣,提升了活动的有效性和延展性。

四、反思改进

第一,在思想政治课中渗透职业"生涯教育"需要教师转变观念。

从职业生涯元素与思想政治课的渗透与结合来说,需要教师转变观念,认识到其必要性与可行性。教师要从学生必须具备的学生发展核心素养、学科教学中强调的学科核心素养,以及生涯目标中的生涯核心素养出发,使之相互结合,把学生个体成长素养的不同方面,结合为个体发展的整体要素,这是必要的更是可行的。所以"生涯教育"应当与思想政治课的课堂教学相结合与渗透,这本身就是学科教学应当完成的教学目标。

第二,在思想政治课中渗透职业生涯教育需要课堂模式的转变。

知识目标、态度价值观目标可以通过课堂知识讲解的过程完成传递,而方法和技能目标的实现更多地要通过具体的课堂和课外任务以及实践创新的过程来达成。所以,在思想政治课中渗透职业"生涯教育"需要传统课堂模式向新型任务达成或者问题解决的课堂模式转型,才能真正加快对学生职业生涯核心素养的实践培养。

第三,在思想政治课中渗透职业"生涯教育"需要科学结合二者的内容。

把职业生涯教育的元素渗透于思想政治课的教学中,既能延伸思想政治学科教学内容的外延,也能深化思想政治课学科知识的内涵,更能帮助学生探寻自身对于思想政治课知识相关联的职业与行业的适应度与兴趣度。通过渗透于思想政治课学科教学内容中的职业生涯元素的了解与感悟,帮助学生初步筛选未来的职业岗位,了解其需求,更好地将自身发展置于社会发展的大背景下。这样的职业"生涯教育"渗透,并不是对学科教学的额外增加内容,而是学生发展过程中教育教学本身就承载的责任。二者的结合与渗透要做到恰到好处,既不能偏离思想政治课的教学内容,又能不突兀地引入职业生涯教育的内容。使思想政治课教材内容与职业"生涯教育"的内容相得益彰,还需要教师进一步的思考和探索。

用化学核心素养"检验""生涯教育"的"精度"

张 贇

学校在新一轮高考改革之际关注高中生生涯指导,提出了"浸润式'生涯教育'"的教育思想,聚焦学生的兴趣、能力、特质和成长需求,推崇任务型学习、情景化和个性化教学。通过"浸润式'生涯教育'",学生在提升学力的同时,增加了责任、毅力、勇气、抗逆力、审美等方面的体验,提升了进入高校和踏入社会的学习素养和必备品格。

本案例选取的是高二第一学期化学教材《10.2 结晶水合物中结晶水含量测定》一章的内容,通过描述定量实验中重量法测定物质组成和结构的相关教学,旨在论述如何培养学生在物质检验、痕量测定等相关专业的部分知识与技能,促进学生形成严谨、细致、实事求是的检测行业价值观。

一、背景说明

普通高中阶段的"生涯教育"侧重于生涯规划。主要通过生涯教育课程与活动实施,深化学生的自我认识,以高中学生综合素质评价为指导,以志愿服务(公益劳动)、研究性学习等学习实践活动为载体,增强学生的社会意识和社会参与能力。在选学择业的过程中,指导学生了解高等院校的专业设置和社会的职业需求等信息,激发学生的学习潜能,培养学生学业和职业的规划能力,提高学生的生涯决策和管理能力。

自 2016 年以来,学校在滚滚车轮的前行中,锐意进取、不断创新,不仅在美术、声乐、手球、足球等项目中脱颖而出,还最早提出了"浸润式"生涯教育,并研发了"梦想轮"课程体系,在各学科中融入生涯课程目标和生涯元素,最终形成"生涯浸润,艺体融合"的学校特色教育。

在平时的化学教学工作中,笔者主要在以下几个方面关注学生的"生涯教育":

(一) 学科核心素养与学生核心素养的关系

1. 学生生涯规划明确学生核心素养的培养

在现阶段的国家发展中,由于国家人口基数庞大的问题,高等学校各学科专业,以及各工作岗位,大多数处于供大于求的局面,加之用人成本增加等因素,毕业生一时难以找到合适工作的情况变得越来越常见。不少学生通过进一步深造,或者出国镀金的方式,希望达到避开就业高峰的问题,但随着他们三年研究生,甚至博士生毕业后,同样会遇到一样的问题,要么是毕业即失业,要么是学不能用,专不能长。这些情况的出现,很大程度上是学生个体对自身素养与未来规划的不匹配造成的,也是很长一段时间以来,学生在求学过程中生涯目标不清晰所造成的,这使得高中学校的生涯规划课程显得更加重要。如果在中学学习阶段,学生能够以自己的能力、兴趣为基础参考点,辅之以合理的生涯规划,帮助学生更加明确未来可能的从业目标与自身能力的差距,不仅能够更好地帮助学生选择好未来的路,同时在明确目标的过程中,也能提高学生的学习动力。

2. 学生核心素养的培养需要通过学科核心素养完善

作为一门自然科学学科,化学学科在平时的教学过程中,是以"立德树人"为基本核心,五大学科核心素养为教学目标进行学生核心素养的培养。以《10.2 硫酸铜晶体中结晶水含量的测定》为例,在本节课中的教学就有着学科教学内容和生涯教学内容的相关能力培养。其中在学科教学内容的培养中,主要是通过对定性实验和定量实验之间的区别,理解硫酸铜晶体中结晶水含量测定的过程、恒重操作的注意点和意义。在具体的教学中,要求学生能够掌握结晶水合物中结晶水含量的测定原理和方法,并初步学会用称量的方法(重量法)解决简单化学测定的实验设计。

而生涯教学内容主要是通过硫酸铜晶体中结晶水含量的测定,感受定量实验准确性对现实化学检验工作的重要性,并同时通过本节课的学习,能够感悟到作为一名科学检验人员,在实际工作中所需要具备的专业品质和能力素养,以保证将化学检验科学,或者是化学学科作为未来生涯发展的学生能够明确其学习目标,并在学习的过程中弥补自身不足。

二、案例分析

(一)学情分析

在本节课的学生选择上,笔者选择了我校高二化学等级班的学生,有一定的学习基础,也保持着较好的学习积极性。同时这些学生有着较为明确的学习目标,能够进一步将化学学科作为未来生涯规划的选项之一。

(二)教学材料分析

而本节课的教学环节则主要经历"理解硫酸铜晶体中结晶水的测定方法→设计硫酸铜晶体中结晶水合物的实验过程→认识每个实验环节中所需的仪器与操作→落实恒重操作的步骤与意义→重量法的历史与应用"这几个环节组成。而为了能够更好地为本节课铺设台阶,帮助学生逐步深入领略定量实验设计及实施在未来化学学科工作中的体现,笔者先将本节课的知识点与学生的基本知识点做了一一对照,找到两者之间的联系与差距,铺设其中的阶梯。

教学环节	学生的基本知识	本节课的最终知识
硫酸铜晶体中结晶水的测定方法	硫酸铜粉末和硫酸铜晶体在颜色上的区别、化学式上的区别。	通过测定硫酸铜晶体的质量,加热后硫酸铜粉末的质量,计算出结晶水的质量,并得出化学式。
设计硫酸铜晶体中结晶水合物的实验	硫酸铜晶体受热会失去结晶水。	将硫酸铜晶体放入坩埚中加热,并运用电子天平称量实验前后的质量。
认识每个实验环节中所需的仪器与操作	坩埚、玻璃棒、三脚架、泥三角、坩埚钳、酒精灯的使用方法。	各种仪器组合使用时的操作步骤与注意点;电子天平的称量过程。
恒重操作的步骤与意义		恒重操作步骤、操作注意点、意义。
重量法的历史与应用	曹冲称象等历史故事。	重量法的发展史、重量法在现代化学中的应用。

(三) 教学目标的制定

由于本节课的定位主要是通过对定量实验"重量法"的学习,帮助学生掌握学科知识的同时,体验学科在未来生涯中的应用。而这两者之间桥梁即为化学学科核心素养的培养。在本节课中,笔者主要培养学生宏观辨识和微观辨析、证据推理和模型认知、科学探究与创新意识、科学精神与社会责任这四个方面的能力。在培养学生化学学科核心素养的同时,通过质量检测行业的实际情境,带领学生初步感受质量检测等相关行业中定量实验操作的应用情况,初步形成相关行业的学科必备知识和严谨、细致、实事求是的行业价值观。

(四) 课例描述

根据本节课的教学目标,笔者紧紧围绕化学学科新课程标准的要求,通过以下教学环节凸显学科素养,同时融入相关生涯规划元素。

1. 宏观辨识和微观辨析在本节课中的体现

案例:

【教师行为】(展示并讲述)老师手中的试剂瓶中,存放了一些固体,各位同学根据颜色能够知道是什么物质么?

【学生行为】(回答)五水合硫酸铜、胆矾。

【教师行为】(讲述)胆矾晶体和无水硫酸铜粉末的相互转换,各位同学都非常熟悉,笔者请同学进行回忆。

【PPT 或板书】[Q1](知识回顾)胆矾晶体和硫酸铜粉末之间如何转化?

【学生行为】(回答) $CuSO_4 + 5H_2O \longrightarrow CuSO_4 \cdot 5H_2O \quad CuSO_4 \cdot 5H_2O \xrightarrow{\triangle} CuSO_4 + 5H_2O$

【PPT 或板书】 $CuSO_4 + 5H_2O \longrightarrow CuSO_4 \cdot 5H_2O \quad CuSO_4 \cdot 5H_2O \xrightarrow{\triangle} CuSO_4 + 5H_2O$

硫酸铜晶体与硫酸铜粉末物理性质与化学性质的不同,主要是由其微观结构的不同造成的,这一知识点学生在初中阶段就已经有一定的涉猎。教师通过引导,帮助学生回忆之前的知识点,从微观结构上分析两种物质的区别,并能够直观地将宏观物质的反应现象与微观的实验原理相联系,明确本节课的研究对象:$CuSO_4 \cdot xH_2O$,为之后的实验设计中,实验终点判断方法的选择,找到合适的理论依据。

2. 宏观辨识和微观辨析对本节课生涯规划的体现

任何一种物质的检验、制备、性质的研究,一定是从目标产物与目标原料之间的结构差异分析开始的,这是作为一名化学学科从业人员必须具备的核心素养之一。在日常的化工生产与化学检验过程中,只有以对物质结构研究的基础,才能明确接下来的制作工艺与物质检验的步骤设计。

学生在本节课之初,对硫酸铜晶体和硫酸铜粉末的研究,不仅能够在课时内帮助学生明确接下来的实验设计目标与实验设计步骤,同时能够在学习的过程中引导学生形成一种观念,即作为一名合格的化学工作者,对微观世界的探究是物质创造与检验的基础,而具有成熟的对微观世界研究方法的化学从业工作者,能够从根本上提高其在行业中的竞争力。

3. 证据推理与模型认知在本节课中的体现

案例:

【教师行为】(提问)我们最后面对的一个问题,何时停止加热呢?

【学生行为】(回答)观察颜色全部变成白色。

【教师行为】(故事模拟)这是一块硫酸铜晶体的样品,老师邀请了六个小组的同学,进行实验,并将他们得到的固体,进行了颜色的记录,你们觉得哪个小组做得最完美呢?(图片展示)各种各样的白色。

【学生行为】(体验环境,回答问题)。

【教师行为】(讲述)耳听为虚,眼见亦为虚。世界上有一类群体,他们不相信自己的感官体验,他们只相信实验的数据,那就是犯罪现场检验人员。他们的工作是 Collect the evidence。因为他们的信条是:Evidence is evidence(证据就是证据)。而在我们的实验中有没有什么确切的实验证据,或者实验方法,可以帮助我们确定结束加热的时刻吗?

【学生行为】(思考、回答)测量两次连续加热的质量,当相差非常小的时候,说明已经加热完毕。

【教师行为】(讲述)这样一种连续两次称量的过程,我们将它成为恒重操作

(书 P53)。我们需要将固体进行再加热、再冷却、再称量,而恒重操作的要求是连续两次称量的质量相差不超过 0.001 g 为止。

【PPT 或板书】二、实验步骤

恒重操作

【教师行为】(讲述)由于恒重操作这一重要过程的出现,实验最少的称量次数又增加了一次。

【PPT 或板书】三、所需称量的物理量

称量次数	4 次
第 1 次	坩埚质量
第 2 次	坩埚＋硫酸铜晶体质量
第 3 次	坩埚＋硫酸铜粉末质量
第 4 次	恒重操作(坩埚＋硫酸铜粉末质量)

【教师行为】(讲述)有了以上几步操作过程,我们才能得到更加精准的数据,帮助我们更加精确地计算出样品中的结晶水含量。

运用重量法进行实验,其关键性的环节在于测定反应前后物质质量的准确性,通过电子天平测量不同加热时间后固体的质量变化,培养学生运用所收集到的数据证据证明实验终点的达到。并且在多次平行实验数据的统计、归纳、分析中,通过教师的指导,培养学生分析数据误差的能力和解释数据误差产生原因的能力。

同时,这种利用化学反应前后质量差之间关系的方法,也是平时运用重量法检验不同物质的实验基本模型,例如在国标 GBT 8967－2007 测定味精中谷氨酸钠成分这一定量检测中,同样运用重量法模型与操作(称量→加热→冷却→称量→恒重→计算→误差分析)对谷氨酸钠进行检测,能够做到一法多用,起到举一反三的效果。

4. 证据推理与模型认知对本节课生涯规划的体现

实践是检验真理的唯一标准。在本节课中对于重量法检测模型的形成与证据推理实验终点的方法,从学科根本上来讲,是对于控制变量实验的综合运用。

而在实际化工生产与化学物质检验的过程中,时刻体现着控制变量法在其中的运用。学生在本节课中通过将控制变量法运用到实际的化工生产过程中,并且学习此法在测定味精中谷氨酸钠成分这一实际应用中的过程,能够更好地了解到对于未来从事化学学科专业方向所需要具备的知识技能,帮助学生在高中阶段明确自身的学习目标和所需要具备的学科素养。

5. 科学探究与创新意识在本节课中的体现

案例:

【教师行为】(讲述)首先需要讨论的就是对于称量仪器的选择。(提问)我们用什么仪器测量固体的质量呢?

【学生行为】(回答)托盘天平。

【教师行为】(提问)相对于定量实验的话,托盘天平的精度是不是低了一点呢?有没有更精准的称量仪器吗?

【学生行为】(回答)电子天平。

【教师行为】(提问)观察电子天平,它的精度如何呢?

【学生行为】(回答)精确到 0.001 g。

【PPT 或板书】二、实验步骤

称量

【学生行为】(聆听)

【教师行为】(讲述)现在我们知道使用电子天平可以更精确称量固体质量,也知道了我们需要在加热前后各测量一次固体的质量。

【PPT 或板书】三、所需称量的物理量

称量次数	2次
第1次	硫酸铜晶体质量
第2次	硫酸铜粉末质量

【教师行为】(讲述)但是我们还需要知道,作为一种测量的仪器,电子天平不能测量热的物质,也不能在其中进行实验和加热。所以我们还需要一套加热

装置。(提问)① 小组合作，根据所提供的仪器，思考之前已经学习的海水晒盐和海带提碘的实验，选择合适的仪器，搭建本实验的加热装置。② 搭建完成后，所有人起立，围教室一圈站立。

【学生行为】(小组活动)选择加热所需要的装置，并进行简单搭建。

选用仪器：三脚架、泥三角、坩埚、坩埚钳、酒精灯。

通过宏观辨识与微观辨析的过程确定本实验目的的前提下，学生需要通过自身的努力和小组合作，设计实验过程以达到更准确地检测硫酸铜晶体中结晶水含量的目的。在本节课的教学中，学生可能提出多种检测质量差的方式，例如称量加热前后固体的质量差，或者运用初中学习的知识点，用干燥剂吸收生成的水蒸气，测定干燥器前后的质量差等方法，这些方法都能够通过计算，得出固体中结晶水的含量。这种运用多种方法得出实验结论的过程，不仅能够提升学生的探究意识和创新意识，还能够在一定程度上提升学生对于具体问题、具体方法可行性的分析能力。

6. 科学探究与创新意识对本节课生涯规划的体现

而在具体的化学专业工作中，这种创新意识和分析能力也是尤为重要的。化学是一门以实验为基础的科学，也是一门需要从业人员富有创造性并且能对其实验计划可行性进行严谨分析的工作。在高中日常学习中锻炼这种学科素养，并将其逐渐内化为职业素养，能够帮助学生更好地理解，并在将来拥有更浓厚的兴趣以从事这一系列的工作，更有效地培养学生的行业竞争力。

7. 科学精神与社会责任在本节课中的体现

案例：

【教师行为】(讲述)耳听为虚，眼见亦为虚。世界上有一类群体，他们不相信自己的感官体验，他们只相信实验的数据，那就是犯罪现场检验人员。他们的工作是 Collect the evidence。因为他们的信条是：Evidence is evidence(证据就是证据)。而在我们的实验中有没有什么确切的实验证据，或者实验方法，可以帮助我们确定结束加热的时刻么？

【学生行为】(思考、回答)测量两次连续加热的质量，当相差非常小的时候，说明已经加热完毕。

【教师行为】(讲述)这样一种连续两次称量的过程,我们将它成为恒重操作(书 P53)。我们需要将固体进行再加热、再冷却、再称量,而恒重操作的要求是连续两次称量的质量相差不超过 0.001 g 为止。

【PPT 或板书】二、实验步骤

恒重操作

作为一门实验为基础的自然学科,渴求未知、崇尚真理、实事求是是笔者引导学生追求的目标。在本节课中,决定实验精度的恒重操作就是学科科学精神的体现。在整个实验中,如果缺少了这一步操作,那实验的精度就会大打折扣,而其测定的实验数据也会失去其可信度。

8. 科学精神与社会责任对本节课生涯规划的体现

在课堂最后阶段介绍的味精中谷氨酸钠含量的测定,在体现科学精神的同时,还强调了作为一名食品检验人员对于广大人民群众的社会责任,这一个小数点的误差,不仅是工作上的失误,也是整个食品行业的灾难。在课堂教学中,让学生领略化学检验行业的工作内容和工作要求,能够更好地培养学生的科学精神和社会责任,为学生以后的生涯规划塑造一个良好的品格。

三、反思与建议

在整节课的教学中,笔者作为本节课的引导者,不仅能够根据本学科的学科核心素养的要求,对整节课的内容进行更加完善的设计,同时能够根据化学学科在现实工作中的情况,将其与本节课的实验理念、实验操作步骤以及各关键注意点进行一一对应。保证学生在学习知识点的同时,更加全面地了解化工检验和食品检验这一类行业所需要具备的相关素质和能力要求。通过这样的课程设计,久而久之,能够让学生对于自己未来的生涯有一个更加全面的认识,从而帮助学生在今后的选择中做到更理性、更客观,并在做出决定之后,对自己的学习要求更明确,最终帮助自己更好地适应今后的高等学校学习与工作。

剥茧抽丝明学理,顺应社会促生涯
——基于 Python 数据可视化的案例生涯探索

毛程毅

学校在新一轮高考改革之际关注高中生生涯指导,提出了"浸润式'生涯教育'"的教育思想,探索在基础型课程中实施学科渗透的路径。学校遵循"基于学科本位的生涯元素渗透"原则,挖掘学科核心素养的内涵,确立了 3 条生涯渗透路径的逻辑链,即:

1. 高中学科的知识或能力——行业专业现状或未来趋势——职业岗位;
2. 高中学科的知识或能力——行业专业知识或能力——关键能力;
3. 高中学科的知识或能力——行业价值观或学科德育——人的发展。

本案例选取的是高中信息技术"Python 数据可视化"章节的内容,通过以体验一次 AI 数据爬取与分析为例,要求学生从数据的抓取、清洗至数据的可视化三方面进行实践,旨在论述如何增强学生的信息意识,争做有信息责任的社会人。

一、背景说明

2017 年 10 月 18 日,习近平总书记在中国共产党第十九次全国代表大会上提出:"要全面贯彻党的教育方针,落实立德树人根本任务,发展素质教育,推进教育公平,培养德智体美全面发展的社会主义建设者和接班人。"为此,本人认为在培育人才的规划上应是长远的、可持续的,作为教师不仅要钻研学科知识,发展素质教育的同时更应落实学生的"生涯教育"。

信息科技融入"生涯教育",有利于学生更好地挖掘社会中的信息价值,培育善用计算思维解决问题的习惯,增强在数字化学习和创新的过程中的信息意识,在提升信息社会责任的同时,将最新的信息化工具应用于生活,达到事半功倍的目的。

正如李彦宏在 2018 世界人工智能大会所说：20 年前，我们怎么定义现代化呢，信息化就是现代化；今天的现代化是什么意思的，我觉得就是 AI 化，就是人工智能化。

可见未来必是一个 AI 化的社会，新旧技术更替后，大数据技术用于处理数据工程，AI 技术提供智能化解决方案，这也就是所谓的"大数据提供管道，AI 提供智能"。

《2018 全国课程标准》深刻阐明今后算法中的 VB 语言将被 Python 语言代替，这是一个信号，强调教学本体知识要基于科学的发展，要与时俱进，利用 Python 的扩展库所编写的 AI 程序，可将数据清洗、可视化，其背后的价值将显露于表，人们对问题的解读更加直观、透彻。这一技术揭示了中学实施生涯规划与职业指导的可行性，为学生落实生涯教育提供了有力的证明。为此，本人贯彻学科核心素养，从自我认知、行业环境、职业能力等方面渗透生涯教育，以一节《Python 数据可视化》为生涯导航授课案例，践行"剥茧抽丝明学理，顺应社会促生涯"。

二、案例说明

以体验一次 AI 数据爬取与分析为例，要求学生从数据的抓取、清洗至数据的可视化三方面进行实践，挖掘数据背后的价值并作简要概述。

（一）学情分析

通过高一第一学期的学习，学生对算法的基本知识点如：变量、算法的三种执行流程比较熟悉，但对实际问题的解题思路转化为代码的能力相对薄弱。

（二）教学材料分析

由于教材还未问世，只有凭借 VB 经验以及对 Python 教学研究的成果，故对教学的知识点作简要罗列：

抓爬数据：Python 的扩展库，request 库以及 BS4 库。

数据清洗：Python 的扩展库，pandas 库。

数据可视化：Python 的扩展库，matplotlib。

（三）教学目标制定

知识与技能：掌握用浏览器 F12 功能分析网页的标签元素，掌握 pandas 的去重函数，掌握用 matplotlib 为数据画柱状图。

过程与方法：通过抓爬豆瓣电影 TOP250 的数据，进行数据清洗和数据可视化，体验数据分析的一般过程。

情感态度与价值观：增强信息意识，争做有信息责任的社会人。

（四）课例描述

本节课的教学设计为：

环节一：分析网页及抓取数据

	电影名称	评分	年份	国家	类型	评论数
2	肖申克的救赎	9.6	1994	美国	犯罪 剧情	1316602
3	霸王别姬	9.6	1993	中国	剧情 爱情	972178
4	这个杀手不太冷	9.4	1994	法国	剧情 动作 犯罪	1206278
5	阿甘正传	9.4	1994	美国	剧情 爱情	1037335
6	美丽人生	9.5	1997	意大利	剧情 喜剧 爱情 战争	606826
7	泰坦尼克号	9.3	1997	美国	剧情 爱情 灾难	973667
8	千与千寻	9.3	2001	日本	剧情 动画 奇幻	965426
9	辛德勒的名单	9.5	1993	美国	剧情 历史 战争	542384
10	盗梦空间	9.3	2010	美国 英国	剧情 科幻 悬疑 冒险	1050882
11	忠犬八公的故事	9.3	2009	美国 英国	剧情	685779
12	机器人总动员	9.3	2008	美国	爱情 科幻 动画 冒险	697795
13	三傻大闹宝莱坞	9.2	2009	印度	剧情 喜剧 爱情 歌舞	939943
14	海上钢琴师	9.2	1998	意大利	剧情 音乐	777908
15	放牛班的春天	9.3	2004	法国 瑞士 德国	剧情 音乐	649361
16	大话西游之大圣娶亲	9.2	1995	中国	喜剧 爱情 奇幻 冒险	723422
17	楚门的世界	9.2	1998	美国	剧情 科幻	710110
18	星际穿越	9.2	2014	美国 英国 加拿大 冰岛	剧情 科幻 冒险	733479
19	龙猫	9.2	1988	日本	动画 奇幻 冒险	638072
20	教父	9.2	1972	美国	剧情 犯罪	473160
21	熔炉	9.3	2011	韩国	剧情	412679
22	无间道	9.0	2002	中国	剧情 犯罪 悬疑	593528
23	当幸福来敲门	9.0	2006	美国	剧情 传记 家庭	759308
24	疯狂动物城	9.2	2016	美国	喜剧 动画 冒险	804278
25	怦然心动	9.0	2010	美国	剧情 喜剧 爱情	830791
26	触不可及	9.2	2011	法国	剧情 喜剧	499134
27	乱世佳人	9.2	1939	美国	剧情 历史 爱情 战争	354435
28	蝙蝠侠：黑暗骑士	9.1	2008	美国 英国	剧情 动作 科幻 犯罪 惊悚	481739
29	活着	9.2	1994	中国	剧情 历史 家庭	389325
30	少年派的奇幻漂流	9.0	2012	美国 中国 英国 加拿大	剧情 奇幻 冒险	767716
31	天堂电影院	9.1	1988	意大利 法国	剧情 爱情	384565

这里以抓取豆瓣电影 TOP250 网页数据为案例，找到要爬取的电影内容。

位于网页的哪个标签，利用 BS4 库定位并抓取数据，此环节是数据可视化的基础，即获取数据，抓爬对学生的观察能力以及编程能力要求较高，设计此环节的目的,是为了告知学生在信息化时代中数据是最为宝贵的资源,对数据进行获取、存储、清洗、分析的过程之后,数据背后的价值就会被更直观地挖掘出。不过,要想获取数据非易事,必须从学生的观察能力以及编程能力着手培养,一旦学生掌握获取数据的能力,以后从事数据分析的类似工作将不是难事,对日后的择取大数据分析相关行业有不小的帮助。

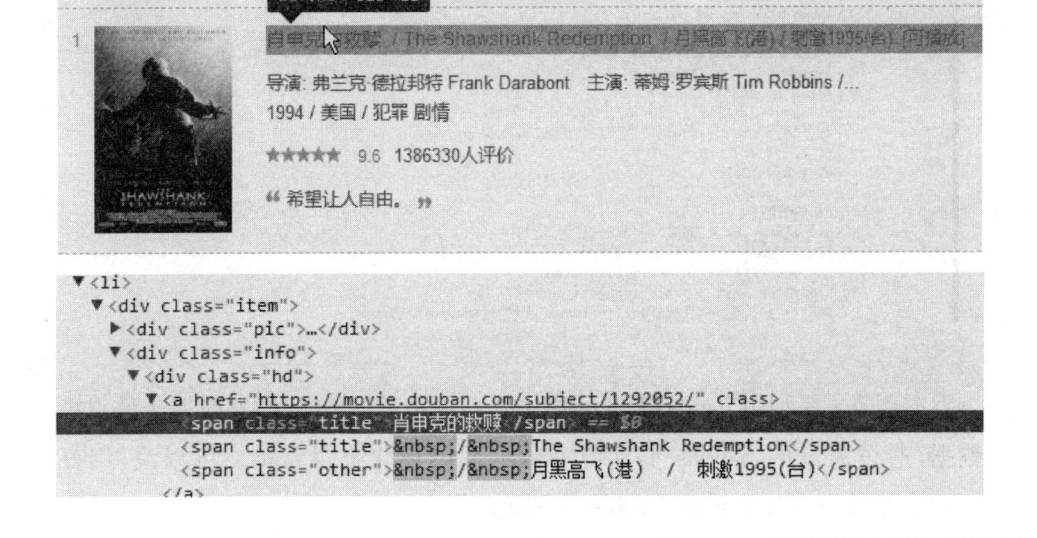

学生活动:通过火狐浏览器的 F12 网页元素分析功能,观察爬取内容所在 html 文件中的标签位置,如电影名称位于根部＜li＞标签的＜span＞标签中,并且 class 为 title。

以此类推,分别找到"评分""年份""国家""类型""评论数"所在的标签位置。

利用 soup.find 方法定位到父标签,即 movie_list_soup ＝ soup.find("ol", class_＝"grid_view"),再利用循环语句找到其下所有的＜li＞标签:

for movie_li in movie_list_soup.find_all('li'):

再利用 find 方法将需要查找的内容对应的 class 关键字一一找出,并赋值给变量,如下所示,电影名称的抓爬语句:

movie_name ＝ detail.find('span', class_＝'title').getText().strip()

以此类推,分别抓爬每部电影的"评分""年份""国家""类型""评论数"等字段内容。

教师活动:在学生编写代码的过程中,要求学生掌握 for 语句的标准格式,并注意 Python 格式上的缩进。

环节二:数据的清洗

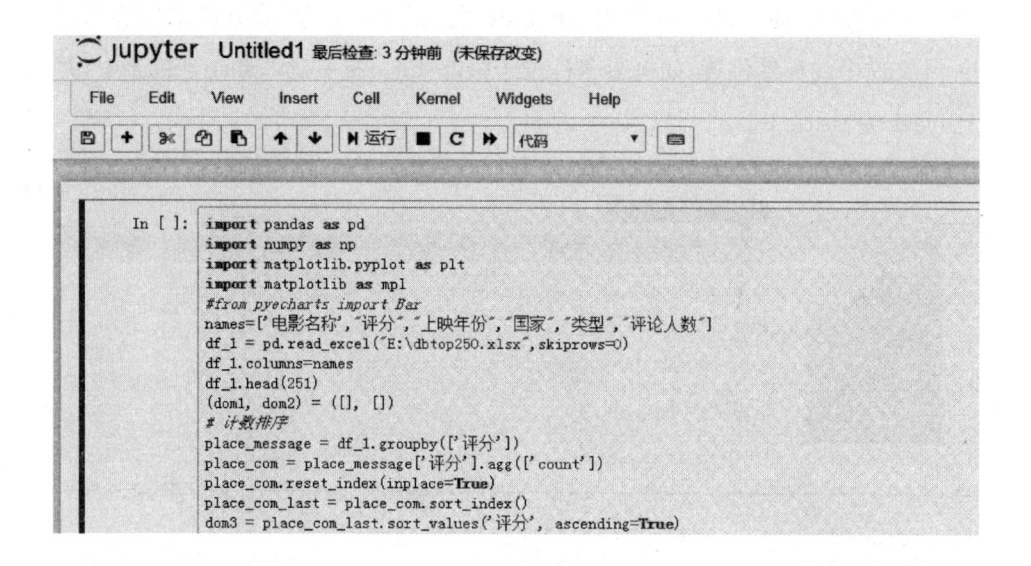

```
In [ ]: import pandas as pd
        import numpy as np
        import matplotlib.pyplot as plt
        import matplotlib as mpl
        #from pyecharts import Bar
        names=['电影名称','评分','上映年份','国家','类型','评论人数']
        df_1 = pd.read_excel("E:\dbtop250.xlsx",skiprows=0)
        df_1.columns=names
        df_1.head(251)
        (dom1, dom2) = ([], [])
        # 计数排序
        place_message = df_1.groupby(['评分'])
        place_com = place_message['评分'].agg(['count'])
        place_com.reset_index(inplace=True)
        place_com_last = place_com.sort_index()
        dom3 = place_com_last.sort_values('评分', ascending=True)
```

本环节主要利用 pandas 库的函数方法将冗余数据清洗掉,并按照条件重组数据,通过大量的 pandas 工具可为数据的可视化提供帮助。可以说,用好 pandas 是成为一名优秀数据分析师的前提。

本环节的设计目的是为了告知学生做数据清洗很有必要,因为在自己抓爬的数据中可能含有相同项、冗余项,这些数据靠人眼无法很好地甄别,以致影响最终的分析结果,但通过 Python 的扩展库 pandas 可以很容易做到数据的清洗,只要一行代码就可去除冗余项,pandas 可谓是数据分析行业中不可或缺的利器。

学生活动:将抓爬的数据存储到 xlsx 格式的文档中,通过 pandas 的 read_excel 方法读取源数据。

df= pd.read_excel("文档.xlsx",skiprows=0)

第一章 破题——构建未来的教育

通过 drop_duplicates 方法甄别是否含有冗余行，并用计数排序的方法将数据排序，代码如下：

place_message = df_1.groupby(['评分'])

place_com = place_message['评分'].agg(['count'])

place_com.reset_index(inplace=True)

place_com_last = place_com.sort_index()

dom3 = place_com_last.sort_values('评分', ascending=True)

教师活动：提醒学生需对数据先清洗（排除冗余行）后排序。

环节三：数据可视化的实施与效果

本环节重在将清洗后的数据可视化，是数据可视化中最重要的一步，作为数学中常见的数学建模工具 MATLAB，相信大家都不陌生，利用 Python 强大的扩展库功能，matplotlib 基于 MATLAB 对数据的呈现可做可视化操作，诸如 Excel 画图又强于它，图的种类更加多而专业，这就是大数据技术崛起的原因！分析师可以通过不同的图示对数据做操作，让人一目了然。

此环节对学生的编程能力要求较高，不仅如此，由于该扩展库的图类型较多，为此在选择用何种图类型显示数据也是本章节的重点，但由于是初识数据可视化，为此只为学生提供了柱状图的代码说明，学生需基于该说明自行将 pandas 清洗后的数据显示在柱状图中。

学生活动：阅读柱状图的示范代码并进行修改，为己所用。

fig = plt.figure('豆瓣 TOP250 评分', figsize=(15,10))

plt.xticks(x_)

plt.yticks(np.arange(0, 50, 5))

plt.ylabel('电影个数')

plt.title('豆瓣 TOP250 评分柱状图')

plt.bar(x_, y_, width = 0.05)

教师活动：提供柱状图的代码说明，并且提醒学生，plt.savefig("bar.png") 语句一定要写在 plt.show() 语句前面，不然图示显示为空白。

豆瓣 TOP250 评分柱状图

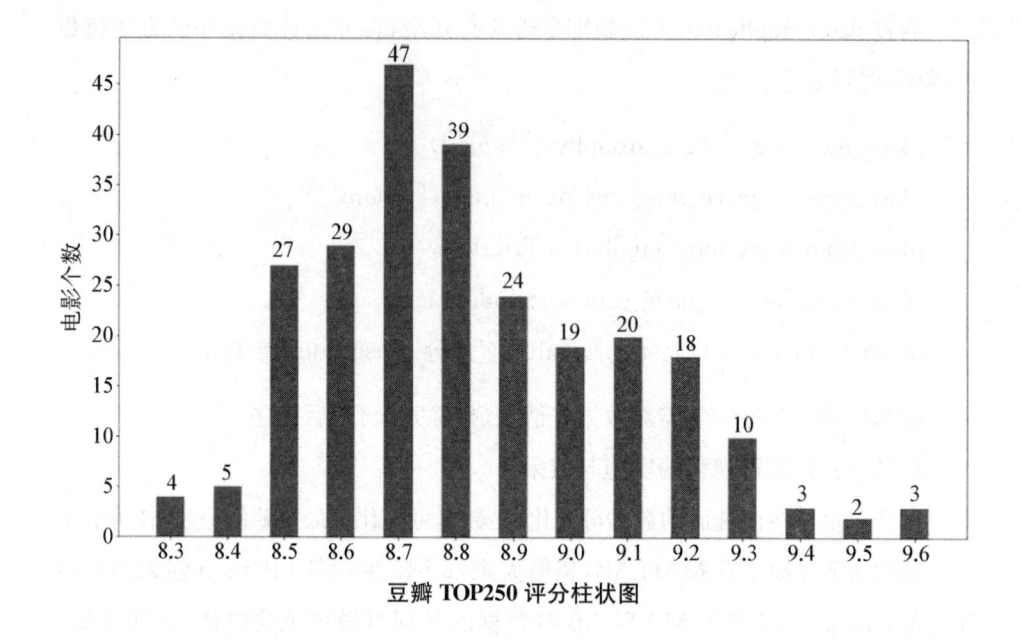

三、反思与建议

推广 Python 语言只是一个起点,国家正在加快在高中开设人工智能基础课程的步伐,并帮助学校搭建教学实验平台和进行教师培训,发掘一个新的"AI+教育"市场。

高中信息科技的课堂将更注重 AI 的学习与研究,学生的生涯发展也将以 AI 为核心,兼顾科学、工程、数学、技术、艺术多个课程门类,步入崭新的未来。

本节教学在生涯指导方面可取之处有:新授知识与 AI 中的数据分析技术十分紧密,正所谓学以致用,通过本节课的学习,加上大量的实操与后期技术钻研,有兴趣的学生可以考虑从事"大数据"的相关工作。

反思本节教学,也有可以改进的地方:在教学环节三中,matplotlib 库对学生能力要求较高,且实际应用针对不同的图类型须查阅不同的代码文档,为此学生普遍反映上手不易,操作复杂。这是一个难点,也是一个契机,本人在此情况下要求学生探索并钻研除 matplotlib 库以外其他 Python 拓展库,以达到简单实现数据可视化的目的。

目前，由于新的全国课标刚刚出台，Python 教学也只是试点，高中 Python 的算法课本以及教学大纲并没有落实（预计 2021 年），到底通过 Python 语言授课比往年 VB 语言授课效果好多少，目前还不得而知。但无论好与坏，教学改革势在必行，学生的生涯教育也得依赖新技术作相关调整及规划。不仅如此，希望 AI 技术的相关知识点在课本的落实上切勿好高骛远，须依据高中生的能力作相应水平的案例实践，这样在一线战斗的教育践行者才能以生涯教育为核心，以校本特色课程群为平台，依循生涯轨迹为解决不同领域、不同年级之间的约束问题，避免学生升学、就业时的盲目性，实现"生涯教育"的系统性。

第二章
解题——培育素养的融会

"生涯教育",落脚点是生涯,渗透处是教育。"生涯教育"需与学科的"联姻"才会生效,需与素养的"握手"才能见效。学生生涯是一个生命与环境交融相协的有机体,"生涯教育"也应当是其与各学科渗透相融的"教育场",以让生涯的种子滋长发芽成熟。

全域覆盖：
"生涯教育"元素渗透学科课堂

  学科，既是学习自然科学与社会科学规律的百科全书，也是一位开启智慧、启迪人生的导师。学科中，承载着许多帮助学生成长的"天然"功能。"生涯教育"借助学科之力，如鱼得水。好的"生涯教育"的学科渗透，一定是学科知识与生涯知识的双丰收。

让"生涯教育"在学生英语时政素材翻译中"热身"

周 捷

学校提出"浸润式'生涯教育'"的教育思想,聚焦学生的兴趣、能力、特质和成长需求,推崇面向社会生活实际的情景化教学。本案例立足新课标"英语学科核心素养"的"文化意识"和"思维品质",结合时政热点,通过描述让同学们翻译十九大报告的相关句子,让学生体会到词汇的选择、句子的安排和谚语的文化内涵转译是翻译的重要能力。通过教学过程中的"浸润式'生涯教育'",学生在提升翻译能力的同时,增加对该行业的行业素养和行业品质的了解,为未来的职业选择明晰具体要求。

一、背景介绍

根据上海市教育委员会提出的"关于深化本市中小学课程教育改革与考试评价改革"的要求,新修订的《上海市高中英语学科教学基本要求》对本市英语教学课堂提出了更高的要求,尤其是"英语学科核心素养"的提出更是为英语教学提供了指导。四个核心素养——语言能力、思维品质、文化意识和学习能力已经明确地提示了英语从教者要更新教学理念,将以往以应试为核心的教学模式逐步向以能力培养为核心的教学模式过渡。四个核心素养既有相互独立的部分,也有相互交融的部分,凸显了学生"人"的价值和培养。通过英语教学从语言知识的传递向育人目标提升。

在"文化意识"和"思维品质"两个维度

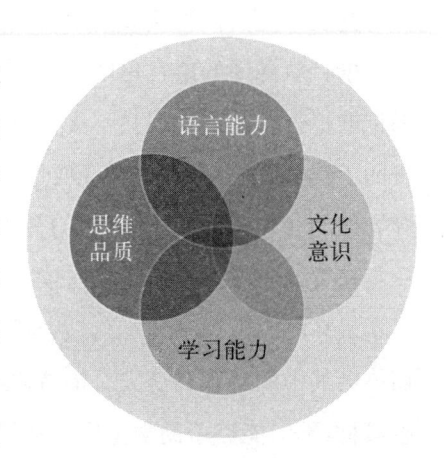

上,新的《英语学科教学课程标准》专门提到了学生通过英语学习应具备更开阔的视野和格局,有国际化的眼光,对当下世界上发生的重要事件有所了解,有所思考。

从这个角度上而言,时政新闻是学生达成上述目标最便捷,也是最有效用的手段之一。尤其是随着我国在全球化格局下的快速崛起,中国也将以大国、强国的身份在世界舞台上扮演重要的角色,承担相应的职责。因此,我国的重要时政将不仅仅局限在国内,更会对全球产生深远的影响。而英语作为世界最主流的语言,也会对这些情况快速进行报道,发表评论。因此,将我国的政策转换成英语表达的背后,不仅仅是语言文字的翻译,更是对文本深刻的理解后将东西方文化和思维进行碰撞,用最精准的语言传递意思,交流思想。用最能够让西方世界理解的方式把中国的故事讲给世界听。在这个翻译转译的过程中,学生的思维品质得到了质的提升,对两种文化的异同有了更深刻的了解。

此外,这堂课直观地向学生们展现了同声传译这一神秘的金领职业光鲜背后扎实的语言功底,全面的文化知识和过硬的心理素质,从而让学生对翻译这个职业及其生涯有一个直观地了解。

二、教学材料

这堂课中的所有翻译素材均选于习近平总书记代表第十八届中央委员会向中国共产党第十九次全国代表大会作的题为《决胜全面建成小康社会,夺取新时代中国特色社会主义伟大胜利》的报告。

党的十九大报告从政治角度奠定了我国未来发展的方向,是影响世界格局的大事。从翻译的语言角度,十九大报告中要向世界展现我国的国策民政,习总书记的报告要准确无误又不失优雅地转变成地道的英语,让世界对中国有不失真的了解,这就要求英语翻译要达到损耗最小的表达,尤其是注意东西方文化差异导致的在表达形式、遣词造句等方面的不同,能够传神地为语言的内容服务。

在英语学习传统的听、说、读、写、译五个领域中,翻译被放在了最后,一直是要求最高的。翻译中的"信、达、雅"三字,学生早有所闻,但不知其意,更不能深切体会其中的奥妙和功夫。笔者敏感地体察到,这次十九大报告的翻译中的一些素材,不但能够帮助学生更好地学习英语表达的词句,更能从更高的一个维度来帮助学生理解原文的意义,辅助他们的政治学科的学习。通过从英语的翻译逆向回推中文,学生们切换了自身审读中文原文的角度,有了豁然开朗的体验。

由于这堂课的翻译素材真实、新颖,并且语言要求极高,老师需要精心设计课堂任务来搭建"脚手架"帮助学生完成能力突破。此外,本次所用的所有英语翻译皆为十九大报告时我国专业高级同传团队的翻译官们的官方版本,学生的能力不可能企及。因此,本堂课的教学目标并非不切实际地要求学生做到完美的翻译译本,而是通过练习、尝试、讨论、对比等手段,感悟中英语对译时要考虑的关键因素,理解表达内容和表达形式之间相辅相成的关系,对翻译中的文化因素有直观的了解。

三、学生情况分析

首先,高三学生进入了复习阶段,从阅读理解的角度来看,英文向中文的单向输入程度有了明显的提升。也就是说,传统意义上的语言输入对学生的能力提升已经相当明显,但同时也到了其边际,学生如果要进一步提升语言能力,就要从语言输出入手。翻译是一种非常有效的教学形式和考察形式。翻译能够较好地控制同一性,有较高程度的标准,不像作文那样的自由表达难于让学生有最直观的对照。

其次,高三学生在复习阶段也明显地感受到了从中文向英文反向输出时自己个体水平的巨大差异。这其实是语言运用能力维度一个重要的指标,也是学生能力突破的分水岭。尤其是在遣词造句上水准的差异体现了学生对语法、词汇理解的程度深浅,对学生发现自身语言学习瓶颈有极大的推动作用。

最后,抽象的文化因素会以具体的形式体现在不同的译本中,让学生能够直观地观察到东西方文化的差异是如何影响各自表达习惯的。

正是对于以上问题的关注和思考,笔者设计了这堂课,从实际的例子出发,引导学生关注文本意义,关注语言形式和内容的统一,从而体会和学习关键词汇的应用以及英语核心语法的真正作用。

本堂课在知识技能方面,要求学生对文本中涉及政治领域的相关词汇有理解的能力,能够通过语境对一些地道的表达做出正确的选取。在过程与方法方面,要求学生能够通过讨论和揣摩,对字面含义和隐藏含义做出合理的推测,并通过语言素材的组织,成功地将原文的含义表达成英语;从而在情感态度方面培养学生的跨文化交际意识,提升学生的人文素养,让学生真正理解"学好英语,做好中国人"的理念。让学生通过对英语的学习,通过对比中英文的表达差异,反过来对祖国的文化有更深刻地认识,从而提升学生的爱国主义情操。这也解释了我国这些翻译专家们工作的性质,职业生涯所要具备的语言素养,窥探了一眼他们的精神世界,这对未来有志于在翻译领域发展的同学有一定的指导意义。

总之,这堂课在知识技能上,要求学生通过时政新闻素材,灵活运用英语语言知识,结合东西方文化的背景知识,展开合理的翻译;在过程方法上,通过有层次的翻译尝试、小组讨论,解答对比和反思总结,提升学生对中英翻译整体的认知和常用翻译技巧的习得。最后,在情感态度上,通过尝试时政素材的翻译,让学生体会到专业英语翻译所需要具备的语言知识和文化素养,为将来有志在此领域发展的学生提供经验。

四、课例描述

(一) Readiness Activity

直入主题,要求学生尝试翻译十九大报告的标题《决胜全面建成小康社会,夺取新时代中国特色社会主义伟大胜利》。这个部分的目的是为了打开学生的思维,引出这堂课的主题。

- 决胜?小康社会?新时代?全面?中国特色社会主义?胜利?
- *1. nouns   2. noun modifiers   3. verbs.*
- *Victory, society, era, respect, socialism, success*
- *Decisive victory, moderately prosperous society, new era, in all respects, socialism with Chinese characteristics, great success*
- *Secure, build, strive for*
- *Secure a decisive victory in building a moderately prosperous society in all respects and strive for the great success of socialism with Chinese characteristics for a new era*

通过对关键词的选取讨论,观察学生对英语词汇的理解程度。在展现正确翻译的过程中,让学生体会到翻译的重要能力——词汇的选择和运用能力。同时也让学生体会到词汇基础知识点在翻译中至关重要的作用。比如,这个例子中中国学生的动词都比较直接,如 win, grab 等,不会抽象地提炼出 security 这个词的含义,更不敢把 secure 这个动词用出来。这里就直接让学生看到了词汇品质上的差异。

(二) Initial Response Activity

接下来进入几个重点句子的翻译:

• 习主席说:"这个思想是对马克思列宁主义、毛泽东思想、邓小平理论、'三个代表'重要思想、科学发展观的继承和发展。"

• *"The thought builds on and further enriches Marxism-Leninism, Mao Zedong Thought, Deng Xiaoping Theory, the Theory of Three Represents, and the Scientific Outlook on Development." Xi said.*

• 这还是见证中国更靠近世界中心舞台,为全人类作出更大贡献的时代。

• *It will also be an era that sees China moving closer to center stage and making greater contributions to mankind.*

• 他说:"我国社会主要矛盾已经转化为人民日益增长的美好生活需要和不平衡不充分的发展之间的矛盾。"

• *"What we now face is the contradiction between unbalanced and inadequate development and the people's ever-growing needs for a better life," he said.*

这几个句子老师通过填空到全句翻译,逐步增加难度,为学生搭设"脚手架"。同时也通过学生的练习,对比和讨论,让学生复习巩固最重要的翻译技巧——句子顺序的安排。通过高考核心的从句和非谓语的使用,让英语句子中的重点部分得到了强化。这几个句子的翻译让学生深切地体会到了中文线性表达要得到准确翻译的话,除了词汇的选择外,在句法层面上还要改变单一的线性思维,用英语的分层思维,主从复合句的表达思维来体察原句,才能真正把握住原意。学生的思维品质通过这些练习得到了很好的挑战,多元思维的种子也在学生的心里扎下了根。

(三) Personal Response Activity

- 习近平说,"中国共产党在过去五年间已经完成了历史性的转变。我国GDP从54万亿元增长到了80万亿元。超过了6 000万人民脱离了贫困线。"
- Xi said that ＿＿＿＿＿ have been made in the cause of the Communist Party of China and the country in the past five years. China's GDP rose from 54 trillion to 80 trillion yuan over the past five years. More than 60 million people ＿＿＿＿＿ over the past five years.
- 达成民族复兴的伟业绝不是"闲庭信步"。
- Achieving national rejuvenation will be "no walk in the park".
- 习近平在要求每一位党员"向着目标做好更艰苦准备"时引用了中国俗语"行百步者半九十"。
- Citing a Chinese saying that "the last leg of a journey just marks the halfway point", Xi demands every Party member "be prepared to work even harder toward this goal".

这个部分的翻译非常清晰地将重点放在了"成语、谚语"的翻译之上。尤其是通过对比,让学生理解文化差异是如何影响人与人之间的交流的,优秀的翻译人员一定是跨文化交际的高手。学习翻译、成为翻译不仅仅是语言能力的问题,更有文化认识上的差异。如例子中"闲庭信步"是很典型的中文表达,从"庭"这个字中我们很容易体验到中国人特有的审美趣味。中国文人骚客往往会将自然的景观加以加工,然后移植到自己的府上,变相成为一种私有的花园,慢慢品味。而与之相反,西方人如果不懂这些特有的中国东方文化符号,生硬地将"庭"翻译成pavilion,不但增加了读者的阅读负担,同时也不能让老外理解真正的意义。通过转译"no walk in the park"的表述,西方世界最常见的百姓在公园漫步的场景就被激活了,虽然译者牺牲了原文一一对应,但是文本所要传递出来的真正寓意——民族复兴绝不是一项轻松的任务,绝不可能以散步的悠闲心态就能达成,这一意向就准确传递给了对方。

通过学生们五花八门的翻译与译者的对照,同学们能深刻体验到翻译的精妙之处,同时也对文化因素对语言学习的重要作用有了深刻的印象和理解,从而将学科核心素养中"文化素养"的元素很好地传递了出来。

(四) Development Activity

- 发展社会主义民主的最根本目的是能让人民群众充分表达意愿,保护人民的权利和利益,激发人民的创造力,为确保人民专政提供系统和制度的保障。

- *The very purpose of developing socialist democracy is to give full expression to the will of the people, protect their rights and interests, spark their creativity, and provide systemic and institutional guarantees to ensure the people run the country.*

- 习近平呼吁提升各种生产要素,加快工业化体系建设。该体系能通过科技创新、现代金融和人力资源来促进实体经济的协调发展。

- *Xi called for raising total factor productivity and accelerating the building of an industrial system that promotes coordinated development of the real economy with technological innovation, modern finance, and human resources.*

这个部分让学生综合练习这堂翻译课中的三个关键技能——词汇的选择、句子的安排和谚语的文化内涵转译。通过自由练习、讨论、对照和讲解,将这堂课的学习重点归纳、总结并巩固。

五、反思与建议

通过这堂课的尝试,笔者发现学生不再对翻译犯怵了,甚至有些同学对翻译有了新的认识,并逐步喜欢上了翻译。

反思这种转变,笔者认为主要有几个因素起到了积极的影响。

(一) 时政新闻的材料激活了学生学习的兴趣

对比以往的一些翻译练习,在素材选择方面,时政新闻有其先天的优势。以往的翻译练习过于注重句法、词汇基础知识的考察,甚至有些句子有生搬硬套之嫌,很多句子过于注重语言形式,忽略句子所要传递出来的内容。这样就有悖于语言首先要传递意义的原则。这样的句子自然会显得面目可憎。对比之下,时政新闻类的句子有生动、鲜活的内容,只要对语言进行一定的加工处理,很容易被学生接受,从内容入手,让形式为内容的传递服务更符合语言习得的规律。这些是专业英语口译笔译的基本功。通过这堂课的过程,学生们真切地体会到了高级英语翻译这份职业对语言素养的极高要求,从而直观地增强了对英语翻译这份职业的认知。

(二) 时政新闻,尤其是与中国有关的内容学生是可以学着翻译的

随着我国国力的增长,向世界展示中国、宣传中国将是需要的,也是很多从业人员如翻译官们神圣的使命。十九大通过的治国方针、"一带一路"的提出等,彰显我国国际角色和外交方针的特点,更能促进学生们发自内心真实的爱国主义热情,让学生更有民族自豪感,提升他们作为中国人的自尊,是非常对路的爱国主义教育方式。

由于教师在课堂上苦于没有真实的案例,因而一些爱国主义教育活动和学生的民族自豪感教育较为空洞而生硬,不能激发学生正向反馈。而像本堂课例中所呈现的那样,学生听到了真实的语言,看到了全球范围内媒体,尤其是西方媒体以英语为载体对我国的报道,就会产生自然的关注度,从而给了爱国主义和民族自尊真正发芽的根基。英语学科的教学从某种意义上讲,承担了这一特殊的任务。教师们在平时的课堂上也绝不能忘记自己身上这一职责。让"学好英语,做好中国人"的理念真正能够落地,落实在平时教学的点滴之间。同样地,要做好英语翻译的工作,除了扎实的专业语言技能以外,对民族文化的自信和热爱也是必不可少的元素。没有对民族国家的深刻认同,翻译者就会不自觉地"崇洋媚外",无法理性开展思考,更谈不上通过翻译的工作起到文化交流的作用。因为如果两种文化交流的起点不是平等,那么沟通的结果必然是扭曲的。

(三) 英语学科核心素养可以通过多种维度巧妙地在课堂中呈现出来

这堂课中所展现的"思维品质"和"文化素养"两个维度,本身就是做好翻译必不可少的先决条件。教师们如果能敏锐地察觉教学素材中的这些因素,深刻地挖掘提炼,并通过精心的教学任务设计将能力孕育在脚手架的攀爬过程中,如"超级玛丽"一般,让学生在闯关的过程中获得这些"金币",让整个过程自然而统一。这样,英语学科核心素养的落实就不再抽象而艰难,反而变得有趣而自然。学生和教师在整个过程中都享受思维挑战带来的乐趣,多元文化因素所带来的奇妙体验。这样整个教学也就鲜活了起来。同时,这堂课也在不断地提醒我们,要做好英语翻译,对中文的学习也是不能停下脚步的。对祖国传统文化的深入了解更是重中之重。

(四)不同的主题总能带来现实生活中对某种职业外生涯或内生涯的探索

这堂课的一个附带的效果就是学生对英语翻译这个职业的直观了解。同样,教师在备课的过程中也可以多想一步,让学生对一项职业、一份工作多一份了解和想象,为他们未来的生涯规划做好良性的铺垫。

巧用数学方法,学做管理小达人
——以《线性规划》一课为例浅谈在数学教学中渗透"生涯教育"

黄艳艳

本案例选取的是高三数学"线性规划"的相关内容,通过描述《线性规划》的教学设计,旨在介绍如何向学生打开学科知识的窗户,建立知识和社会的联系,进而建立知识和职业生涯的联系。

一、背景说明

上海市人民政府《关于进一步深化本市高考综合改革试点工作的若干意见》一文中指出:高中教育要牢固树立以学生发展为本的育人理念,遵循教育规律,开展教学与考试。深化实施学生生涯规划指导与教育,帮助学生认识自我、学会选择。尊重学生的自主选择权,保护和发展学生的兴趣特长,引导学生把国家需要、高校要求与自身兴趣爱好、学业能力有机结合,在实现中国梦的生动实践中放飞青春梦想。

为了落实育人目标,我校创造性地提出了"浸润式'生涯教育'"的概念,并确立了学校课程体系的主旋律,即"寻找生命的色彩——浸润式生涯课程体系"。通过构建"全学科"渗透、"全方位"浸染、"全贯通"发展的方式,提升学生"自我觉察"——"自我探索"——"自我规划"的能力与素养,从而为更好地适应社会打下坚实的基础。

数学是人一生中学得最多的课程,数学学科中有很多内容和社会的各个领域有着紧密的联系。比如函数这章节的内容,就和当下比较时髦的工作——会计、精算、税务领域息息相关。几何的内容就和设计建筑领域相关。线性规划这节课就和生产成本的最优问题相关。在数学教学中有意识地将这些知识点与实际生活结合起来,向学生打开学科知识的窗户,建立知识和社会的联系,进而建立知识和职业生涯的联系,让他们在知识学习和探索中逐渐了解、明确自己将来的职业方向,是十分有意义的。

接下来,我以《线性规划》的教学设计为例,谈谈如何在教学过程中渗透生涯教育。

二、案例说明

(一) 学情分析

培养学生的数学核心素养以及发展学生的实践与探究能力,是创新数学教学的一个重要课题。而我们学校是一所普通高中,很多学生的数学学习能力较弱。具体体现在,上课时面对老师的提问,有些学生只是机械式地低头记笔记,缺少有效的思考。做作业时,很多学生一味地翻笔记看书本,试图找到同样的题型方便模仿抄写,一旦遇到新的问题往往无从下笔。所以我在数学课中有意识地引入实际问题,试图打破学生刷题的定性思维习惯,切实培养学生运用所学知识分析和解决问题的数学能力。

(二) 教学材料分析

线性规划问题,就是在线性约束条件下求线性目标函数的最值问题。线性规划的两类重要实际问题:第一种类型是给定一定数量的人力、物力资源,问怎样安排运用这些资源,能使完成的任务量最大,收到的效益最大;第二种类型是给定一项任务,问怎样统筹安排,能使完成这项任务的人力、物力资源量最小。在实际生产中掌握线性规划的研究方法,能帮助决策人员选择最优方针和决策。所以,线性规划与人力资源工作领域有着密切的关联,是现代经济管理者所需的基本知识。

(三) 教学目标制定

本节课的教学目标是通过数学建模,学生亲身经历将实际问题抽象成数学模型并加以解决的全过程,感受数学的应用价值并渗透最优化思想。通过学习并研究生产中的线性规划问题,有利于培养学生推理分析能力,帮助他们提升基本的数学素养;另一方面,这节课教学设计中引入实际案例,体现了数学学科对职业生涯教育的渗透,有利于培养学生的职业理想和职业意识。

(四) 课例描述

这节课伊始,我给出这样一个问题:"画出不等式组 $\begin{cases} x-y+5 \geqslant 0 \\ x+y \geqslant 0 \\ x \leqslant 3 \end{cases}$ 的解为坐标的点所表示的平面区域"。

结合之前所学的直线知识,可知:

在直角坐标系中,在直线 $l: ax+by+c=0$(a, b 不同时为零)同侧的点 $P(x_0, y_0)$ 的 $\delta = \dfrac{ax_0+by_0+c}{\sqrt{a^2+b^2}}$ 的符号都相同,异侧的点的 $\delta = \dfrac{ax_0+by_0+c}{\sqrt{a^2+b^2}}$ 的符号相反,因此,如果原点 $(0, 0)$ 所对应的 $ax+by+c$ 的值为正,即 $c>0$,那么与原点在直线 $l: ax+by+c=0$ 同一侧的点 $P(x_0, y_0)$ 所对应的 $ax+by+c$ 的值也为正,不同侧的点 $P(x_0, y_0)$ 所对应的 $ax+by+c$ 的值为负;反之,当 $c<0$ 时,与原点在直线 $l: ax+by+c=0$ 同一侧的点 $P(x_0, y_0)$ 所对应的 $ax+by+c$ 的值为负,不同侧的点 $P(x_0, y_0)$ 所对应的 $ax+by+c$ 的值为正。

所以这个问题所对应的区域是:

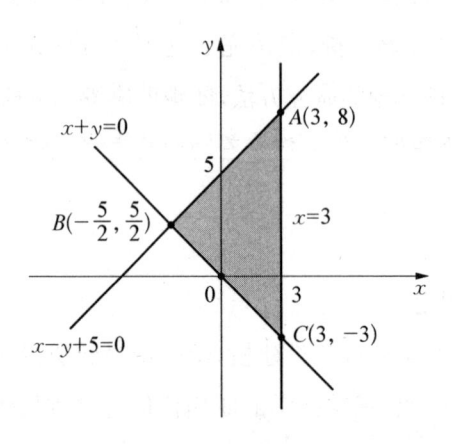

第二章 解题——培育素养的融会

我又引入以下这个问题：

已知 x、y 满足不等式组 $\begin{cases} x-y+5 \geqslant 0 \\ x+y \geqslant 0 \\ x \leqslant 3 \end{cases}$，则求函数 $z=2x+y$ 的最大值。

结合这个问题，我引出了这节课的主要内容——线性规划。

在线性规划问题中，满足线性约束条件（比如上面这个问题中的不等式组）的解 (x,y) 叫作可行解，所有可行解构成的区域叫作可行域，它是二元一次不等式组的解集所表示的一个平面区域。在线性规划问题中，使得目标函数达到最大（或最小）值的可行解叫作最优解。

在这个题中，函数 $z=2x+y$ 称为目标函数。根据之前所得到的可行域，我们会发现在点 $A(3,8)$ 处，目标函数 $z=2x+y$ 取到最大值为 14。

通过学习，大家了解到在线性约束条件下寻求线性目标函数的最大（小）值的这类问题叫作线性规划问题，掌握了解决这类问题的一般方法。

接着，我给出以下这个与实际生产相关的问题：

"某厂生产甲乙两种产品，每生产 1 吨产品的电耗、煤耗、所需劳动力及产值如下表所示：

产　品	电耗（千瓦时）	煤耗（吨）	劳动力（人）	产值（万元）
甲	4	9	3	7
乙	5	4	10	12

已知该厂有劳动力 300 人，按计划煤耗每天不超过 360 吨，电耗每天不超过 200 千瓦时，每天应如何安排生产，可使产值最大？"

我提问学生："有没有想做厂长的同学来安排一下今天的生产任务？"大家听后眼睛一亮，都跃跃欲试。有的同学说按照煤的使用量来安排生产，有的同学说按照人数来分配工作，还有的同学说按照生产产品的数量来安排。

我对学生们的回答进行了点评，并肯定了最后一位同学的说法，因为只有产品的数量和产值直接相关，而人力和物资都是为生产做准备的。根据这样的分析，大家都很快完成了对该问题的列式：

设该厂每天生产甲产品 x 吨，乙产品 y 吨，则有(A) $\begin{cases} 9x+4y \leqslant 360 \\ 4x+5y \leqslant 200 \\ 3x+10y \leqslant 300 \\ x \geqslant 0 \\ y \geqslant 0 \end{cases}$

设产值为 z，则对于满足上述条件的 x、y，有 $z=7x+12y$，问题转化为求满足条件(A)时 z 的最大值问题。

再结合线性规划的基本方法，画出满足线性约束条件的所有可行解构成的可行域：

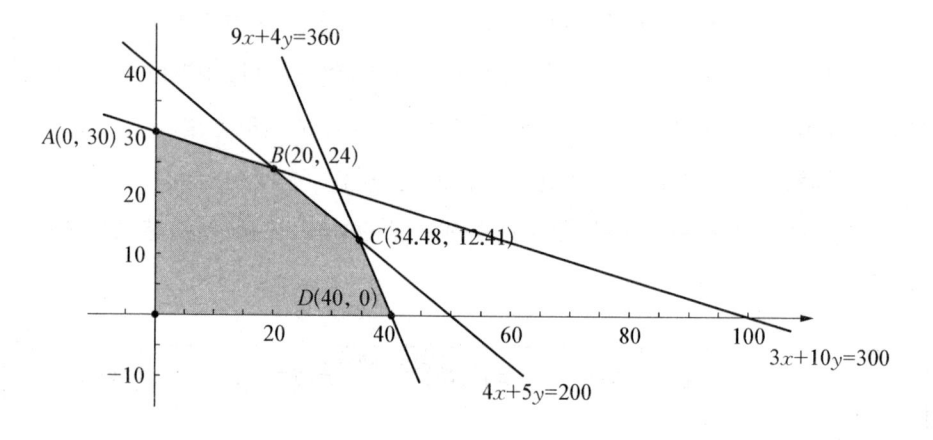

求得问题中可行域边界各顶点坐标为 $A(0,30)$，$B(20,24)$，$C(34.48,12.41)$，$D(40,0)$，将各顶点坐标代入目标函数，可知最优解为 $B(20,24)$，$z_{max}=7\times20+12\times24=428$，所以该工厂每天生产甲产品 20 吨，乙产品 24 吨时产值最大。

接着，又给出了这样一个问题：要将甲、乙两种长短不同的钢管截成 A、B、C 三种规格，每根钢管可同时截得三种规格的短钢管的根数如下表所示：

钢管类型 \ 规格类型	A 规格	B 规格	C 规格
甲种钢管	2	1	4
乙种钢管	2	3	1

今需 A、B、C 三种规格的钢管各 13、16、18 根,问各截这两种钢管多少根可得所需三种规格钢管,且使所用钢管根数最少?

我说:"通过对上一题的研究,我发现我们班有很多同学具备了做管理达人的潜质。这次我们来分一分组,大家自己讨论完成此题,最后每组派一名代表来讲一下你们组的结果。"

班级同学很顺利地分组讨论并完成了这道题。在这过程中,每个小组讨论的气氛都很热烈,很多同学能够快速地从复杂烦琐的条件中抓住解决问题的关键因子,利用线性规划的基本方法找出最佳方案。

最后我告诉大家,现代企业要想在同行竞争中获得优势,就要求管理者能够在有限的资源和人力条件下提供最优质的产品,对经济管理中有限资源进行合理分配,从而获得最佳经济效益。课后,很多同学就这个方面的话题,与我进行了讨论。

三、反思与建议

本堂课的授课对象是普通高中的学生,他们具备一定的数学学习能力和基本的知识,但缺少系统的分析研究能力。所以我在课堂教学中的问题设计时"降低难度",教学难点处理时"设置坡度"。在授课过程中,我先从线性规划的概念入手,引导学生掌握在线性约束条件下寻求线性目标函数的最大(小)值的一般方法,然后再结合实际应用的问题激发他们学习研究的积极性。对于学习过程中出现的不同意见,我给予学生更多的讨论和发言权,鼓励学生多交流,让学生在理解、感悟中获得新知识。我觉得,坚持在数学课中引入一些实际问题,可以让教学脱离简单重复的题海战术,在潜移默化中帮助学生脱离死记硬背的学习方式,培养学生对数学问题的分析能力。而这种数学能力,不仅仅是数学解题能力,更是面对未来挑战时所具有的逻辑分析能力。

这节课我设计了小组讨论的形式进行实际问题的研究,目的是使学生们通过有效的合作与交流找到解决问题的途径。我发现有些小组分工明确、工作效率很高。这些小组中,有的学生数学分析能力较好,就承担设问列式的数据分析工作;有的学生作图能力很强,就承担作图找可行域的工作;有的学生表达能力很强,最后展示时就会上台来分享小组的数据结果。通过小组讨论,学生在自主探索的过程中形成自己对知识的理解。而且很多学生在小组合作中慢慢意识到自己的优势是什么,从而探索自己喜欢的领域是什么,思考自己未来职业的发展方向。所以我觉得在课堂中开展小组讨论是很有必要的。

当然,也有一些遗憾。因为学生的数学基础和能力在个体上是有差异的,这节课上个别小组的合作学习是无效的,体现在:同学间不善交流,不会分工,只会各说各的,各做各的,使得合作形式流于表面。

团队合作精神是职业生涯中很重要的品质与能力。通过反思,我觉得如果根据班级学情,按照"组内异质、组间同质"的原则有针对性地进行分组,可以减少小组零合作的情况,提升小组合作的实效性。另外,这节课主要是由我对各组的成果进行点评的,我觉得这也是可以改进的一个地方。以后的课堂上,完全可以让学生自己完成小组互评。学生在相互评价的过程中,通过对比学习,可以反思自己的问题、改进方法,不仅有利于他们学好数学,更是有助于他们提升交流表达能力,在未来职业生涯中打好基础。

在逻辑电路教学中萌发职业生涯兴趣

——《第九章 D 简单逻辑电路》教学案例

吴勤盛

本案例选取的是《第九章 D 简单逻辑电路》,通过介绍信息技术和数字电路的发展历史及数字电路应用,体验信息技术对人类文明和社会进步的影响,旨在论述如何让学生体验信息技术对人类文明和社会进步的影响,领略数字电路的优点,激发对数字信息化领域职业的兴趣。

一、案例背景

在高中教育阶段强调学生的生涯规划,旨在帮助学生了解自我,激发学习兴趣,明确发展方向。本节内容《逻辑电路》广泛应用于计算机、数字控制、通信、自动化和仪表等方面,具有相当广泛的社会发展前景。

逻辑电路是一种离散信号的传递和处理,以二进制为原理、实现数字信号逻辑运算和操作的电路,分为组合逻辑电路和时序逻辑电路。通过本节课的学习,学生能体会数字电路的优点及其在现代社会中的重要价值。

二、教学说明

本节课是新内容,教材按照课程标准的要求,力图让学生认识最简单的逻辑电路。课本采用对比的方式,从逻辑电路的功能入手,介绍了"与"门、"或"门、"非"门的三个基本逻辑电路,学生通过比较模拟电路与数字电路的区别差异,了解数字电路工作的特点。

学情分析

1. 教学重点与难点

教学重点：三种最基本逻辑电路的功能。

教学难点：理解简单逻辑电路在实际生活中的应用。

2. 生涯教学聚焦点

逻辑电路广泛应用于计算机、数字控制、通信、自动化和仪表等方面，具有相当广泛的社会发展前景。通过本节课的学习，学生能体会数字电路的优点及其在现代社会中的重要价值。通过介绍信息技术和数字电路的发展历史及数字电路应用，体验信息技术对人类文明和社会进步的影响，领略数字电路的优点，激发对数字信息化领域职业的兴趣。

三、课例描述

（一）教学目标

1. 知识与技能

（1）知道模拟信号和数字信号，模拟电路和数字电路的概念。

（2）知道最基本的逻辑电路"与"门、"或"门、"非"门的逻辑关系，符号，真值表。

（3）知道简单逻辑电路在实际生活中的应用。

2. 过程与方法

（1）通过模拟电路与数字电路的比较，认识类比的思想方法。

（2）通过对逻辑电路应用实例的分析和实验探究，经历实验探究的一般过程。

3. 情感、态度与价值观

通过介绍信息技术和数字电路的发展历史及数字电路应用，体验信息技术对人类文明和社会进步的影响，领略数字电路的优点，激发对数字信息化领域职业的兴趣。

（二）教学过程

1. 创设情景、设疑激趣

（生涯渗透）我们生活在一个数字化的时代。

数字化、信息化的时代，信息技术迅猛发展。我们身边的数码产品、家用电器、计算机、DIS 实验等都离不开逻辑电路。例如，实验：声控玩具狗，自动控制彩灯，简易火警报警器，避障小车灯实物展示及功能演示。

大家谈：生活中还有哪些常见的自动控制电路？

提出问题：这些产品的原理是怎样的，它的功能是如何实现的呢？

2. 电信号的分类

（1）模拟信号和数字信号

模拟信号：电压信号随时间连续变化的电信号。

数字信号：电压随时间不连续变化，只有"高电压"与"低电压"两种状态，信号在这两种状态间跳跃。

【数字信号的表示】通常规定高电压为"1"，低电压为"0"。

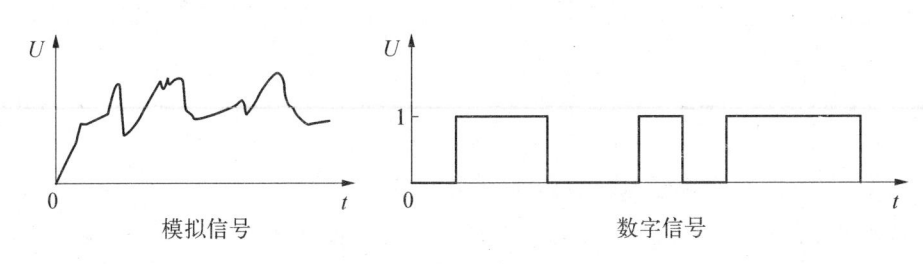

（2）模拟电路和数字电路

模拟电路：处理模拟信号的电路。

数字电路：处理数字信号的电路。

（3）逻辑电路和门电路

逻辑电路：数字电路的基本单元。

门电路：逻辑电路中最基本的电路。

3. 三个基本门电路

(1) "与"门

【逻辑关系】两个输入端均是高电压时，输出才是高电压

【电路图示】　　　　　【真值表】　　　　　【电信号】

输入		输出
A	B	Z
0	0	0
1	0	0
0	1	0
1	1	1

【例题1】（生涯渗透）"双保险"的保险箱。

【结构】如图1所示是一个用"与"门电路和两个特制钥匙开关组成的"双保险"的保险箱。

【功能】两个电键同时闭合，实现"与"门电路的两个输入端同时为高电势，输出为高电势，保险箱的电动马达两端存在电压（电势差），马达工作，保险箱开启。

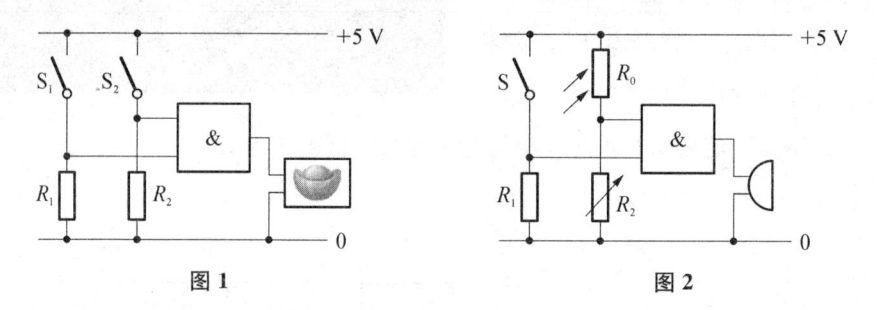

图1　　　　　　　　　　　图2

【例题2】（生涯渗透）保险箱的防盗报警器。

【结构】如图2所示是一个用"与"门电路和按钮开关、光敏电阻R_0（有光照射时电阻会变得很小）、蜂鸣器等元件组成的简单防盗报警器。

【功能】当放在保险箱前地毯下的按钮开关S被脚踩下闭合，同时安装在保险箱里的光敏电阻R_0被透入的光线照射时，蜂鸣器就会发出鸣叫声。

(2) "或"门

【逻辑关系】任意一个输入端是高电压时，输出就是高电压。

【电路图示】　　　　【真值表】　　　【电信号】

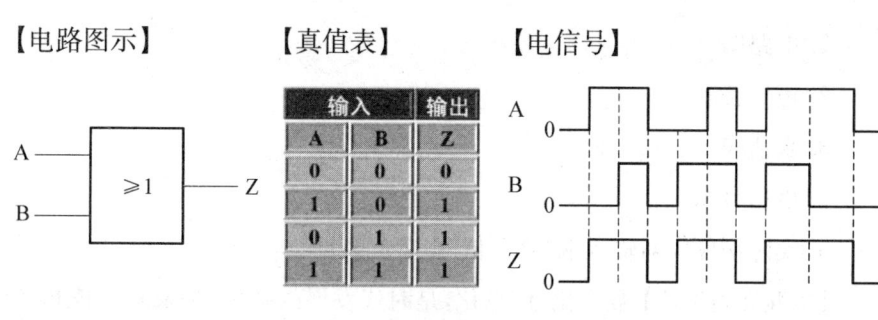

输入		输出
A	B	Z
0	0	0
1	0	1
0	1	1
1	1	1

【例题】(生涯渗透)"智能"的走道灯电路。

【结构】S 是位于走道口的开关，R_0 是一个光敏电阻，其特点是无光照时电阻远大于 R_2，受光照时电阻会变小(远小于 R_2)。想一想，□内应该是什么门电路？

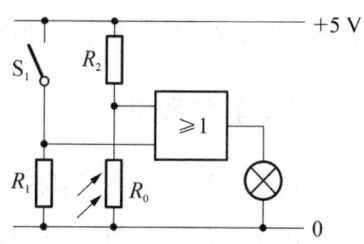

【功能】当走道里光线较暗时，或将手动开关 S 接通时，灯都会亮。

(3) "非"门

【逻辑关系】输入高电压，输出低电压；输入低电压，输出高电压。

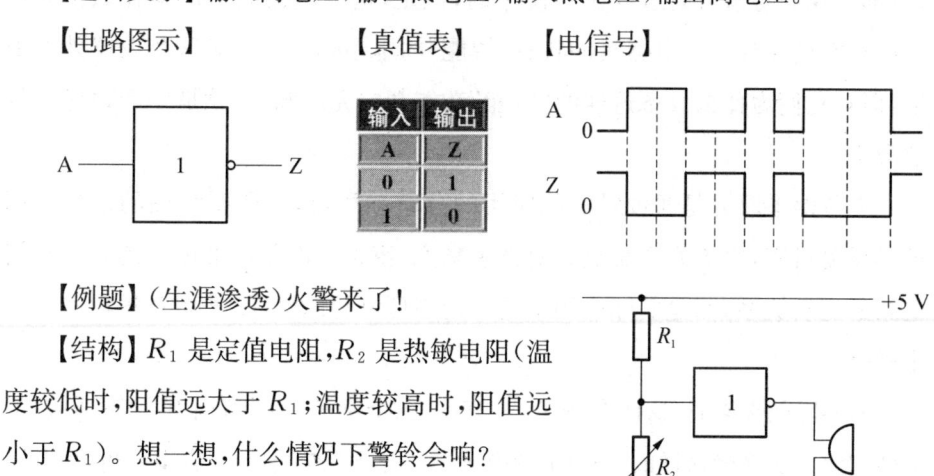

【电路图示】　　　　【真值表】　　　【电信号】

输入	输出
A	Z
0	1
1	0

【例题】(生涯渗透)火警来了！

【结构】R_1 是定值电阻，R_2 是热敏电阻(温度较低时，阻值远大于 R_1；温度较高时，阻值远小于 R_1)。想一想，什么情况下警铃会响？

【功能】当温度较高时，热敏电阻 R_2 阻值远小于 R_1，输入端输入的是低电压，非门输出端为高电压，警铃开始工作。

四、课堂小结

【三种门电路】"与"门、"或"门、"非"门

1. 电路图

2. 逻辑关系

3. 真值表

4. 电信号图

5. 实际例题中对输入端"高""低"电势的判断

【生涯规划渗透】数字化、信息化,是时代发展的必然,是未来科技和经济的焦点,发展前景是非常令人期待的。

五、教学反思

和实际生活中的应用接轨,是本节课的主导思想。

在这节课中,学生一共学习了三个逻辑门电路,分别是"与"门、"或"门、"非"门电路。而针对本节课的教学任务,笔者一共设计了四个生活实例,占了整节课近一半的时间。这四个门电路的应用,保险箱、报警器、走道灯、火警铃,都是我们身边看到过或是听说过的,但是,这些电器的构造是什么?是什么让它们这样神奇?电器真的具有"智能"的本领吗?学生对这些电器并不陌生,但对它们为什么具备这样的"智能"功能却一无所知,这就是一个很好的教学契机。

本节课采取的是通过对实际应用的分析和学习,对所要掌握的理论知识进行反复巩固,突破教学难点。对学生来说,逻辑门电路最难理解的并不是门电路的逻辑关系,而是实际应用中电路的高低电势的判断,进而对逻辑关系产生影响。

从实际效果来看,这四个例子中,第一、二个例子,学生明显感到不适应,因为他们第一次接触这样的电路图,这很正常。老师带着学生一步步分析,把分析的思路和方法一点点渗透,到了第三、四个图,学生就容易掌握了。这样比从头学习到尾,再回过头来分析电路,效果要好得多。

从选材的角度,所选择的四个例子,学生都听说过,也都能够接受。课堂上老师还列举了一些诸如"汽车的防盗装置""洗衣机""火警开闸放水装置"等应用,通过这些应用,使学生一方面对"逻辑"关系有了进一步学习和巩固,另一方面也对社会的科技发展有了切身的体会。

总之,通过这些信息技术和数字电路的发展历史及数字电路应用,让学生体验信息技术对人类文明和社会进步的影响,领略数字电路的优点,激发对数字信息化领域职业的兴趣。

从元素周期律中启示生涯认知规律
——化学学科渗透生涯元素案例

蔡秋丽

本案例选取的是高二《9.2 元素周期表》,通过描述同周期、同主族元素的性质对比探究,挖掘元素之间的性质递变与结构的关系,旨在介绍如何帮助学生建立宏观世界和微观世界的密切联系认知,培养学生发现探究精神。

一、背景介绍

生涯发展规划,也即是对生涯发展设计,是指在个人发展和组织发展相结合的基础上,个人通过对生涯发展的主客观因素分析、总结和测定,确立个人的生涯奋斗目标,并为实现这一目标而预先进行生涯发展系统安排的活动或过程。在中国,2000 年前庄子曰:"吾生也有涯而知也无涯。"早就提出了生涯概念。

作为科学学科中的化学学科,研究的是物质的组成、结构和变化。在这其中,学生要学习运用探究的手段,在探究中寻找证据进行推理,学会透过宏观现象审视变化的微观本质,同时我们要关注学习化学的社会意义,这些都是在发展学生与化学学科相关的核心认识、关键能力和必备品格,即发展学生的化学学科素养。

因此,化学学科教学对高中理科生生涯规划指导研究,不仅仅在于利用学科中所含的有关职业方面的知识使学生在学习中逐渐形成职业意识,深化对职业的认识,积极地学习和发展知识技能以胜任将来的工作,更重要的是通过化学的学习激发学生挖掘信息、探究规律的动机和兴趣,构建和养成严谨做事的态度。给予学生未来发展必备的品格和关键能力,亦是成为一个有文化教养的健全公民的心智修炼。现以《9.2 元素周期表》为例,以拓展的方式培养学生的科学素养和生涯意识与技能等。

二、案例主题

（一）学情分析

物质结构和元素周期律是化学的重要理论知识,也是中学化学教学的重要内容。本节课是学生在学习了元素周期律概念和元素周期表结构后,通过对第3周期元素原子得失电子能力强弱的探究,整合ⅦA族元素及其化合物的性质,从而树立元素结构与性质的关系的深入认识,对事物性质的认知更加辩证和具体,养成合格公民的科学素养。

（二）教学材料分析

元素周期表是元素周期律的具体表现形式,突出原子结构与元素原子在周期表中的位置关系后,引导学生思考原子结构与元素性质的关系,通过课堂讨论和边讲边实验的形式,启发学生动脑、动口、动手,主动积极、生动活泼地进行学习,以提高他们的逻辑思维能力和表达能力,归纳得出元素在周期表中的位置、元素的原子结构、元素性质三者间的关系,并拓展元素周期律和元素周期表在指导科学研究和生产实践中的作用。

（三）教学目标制定

学科教学目标：通过实验现象以及相关的实验事实,认识原子结构相似的同一主族元素在化学性质上表现出的相似性和递变性。通过碱金属元素和卤族元素的原子结构与化学性质的对比,了解元素性质主要与原子核外电子排布密切相关。

生涯教育目标：通过实验培养学生观察、分析、推理、归纳、实验探究的能力,以及善于类比和迁移的学习品质。通过提供新信息,培养学生准确提取实质性内容,并与已有知识块整合,充实为新知识的能力。培养学生实事求是的科学素养,形成结构决定性质的归因思想。

教学重点与难点：元素化学性质与原子结构的关系。卤素单质与氢气反应的条件、剧烈程度以及氢化物稳定性与非金属性强弱的关系。

(四)课例描述

活动一:资料导入

2009年4月中,墨西哥公布发生人传人的甲型H1N1流感案例,甲型H1N1流感的死亡率为6.77%,患者体温突然超过39摄氏度,肌肉酸痛感明显增强,伴随有眩晕、头疼、腹泻、呕吐等症状。经研究,引起该病是体内甲型H1N1流感病毒所致,该病毒颗粒呈球状,直径为80 nm~120 nm。

只有纳米级大小的H1N1型病毒,能引起人们出现流感症状,甚至死亡,其中有何哲学道理?这对我们研究元素的性质有何启示?

【学生活动】宏观事物所表现出来的外部特征与其内部的微观结构相互联系,密不可分。要研究元素宏观上表现出来的性质,我们可以从微观的原子结构入手。

【生涯教育】从贴近学生生活的事例出发,引出哲学上微观与宏观的原理,并由此指导元素性质的研究,渗透"结构决定性质"的哲学思想。

活动二:讨论同周期元素性质递变规律

元素的性质总体分为化学性质和物理性质,今天我们先来探讨元素的化学性质与原子结构之间的关系。元素周期表是按照一定的方式排列的,要想深入地理解元素周期表中各元素之间的内在联系,就需要搞清楚元素周期表中元素间性质有何递变规律。本节课我们就来共同探索同周期元素性质的递变。

【学生活动】写出第三周期的元素符号,画出原子结构示意图,并总结出第三周期元素原子结构的相同点和递变性。

【实验探究】分别取一定量的Na、Mg、Al与冷水反应,比较Mg、Al与热水的反应,向反应后的溶液中滴加酚酞。

【学生活动】观察、思考:反应的剧烈程度以及所得水溶液碱性强弱,分析得出结论,失电子能力:Na>Mg>Al。

【生涯教育】培养学生分析问题的能力,能够将实际问题进行分解,掌握研究问题的一般方法。

活动三:讨论同主族元素性质递变规律

对第三周期元素的化学性质和原子结构的探讨,我们知道原子结构的特点决定着元素的化学性质,那么,我们能否通过碱金属、卤族元素的原子结构,预测其化学性质?

【学生活动】取一小块钾,擦干表面煤油后,放在石棉网上加热,观察现象。在培养皿中放入一些水,滴加酚酞溶液,取绿豆大的钾,用滤纸吸干表面的煤油,投入培养皿中,观察现象。

	钾	钠
与氧气反应	先熔化,熔化时冒出烟,后燃烧,火焰呈紫色。	先熔化,后燃烧,火焰呈黄色。
与水反应	1. 浮在水面 2. 融化成银色小球 3. 在水面四处游动 4. 小球燃烧,产生紫色火焰 5. 溶液呈红色,有爆鸣声	1. 浮在水面 2. 融化成银色小球 3. 在水面四处游动 4. 溶液呈红色

【视频】播放铷、铯与水反应视频

【学生活动】培养学生动手实验的能力,并能有序地观察和准确地描述实验现象。铷、铯与水反应比钾、钠更剧烈,铯甚至出现爆炸。四种金属与水反应的剧烈程度存在明显的递变性:Na<K<Rb<Cs。

【引导】如何根据卤族元素的原子结构,预测其化学性质?

【学生活动】相似性:原子的最外层电子数都是7,在反应中容易得到电子,显-1价。单质在反应中容易得到电子,反应中常做氧化剂,能够与氢气反应,生成氢化物显-1价。

递变性:卤族元素从上到下电子层数逐渐增多,原子半径也逐渐增大。卤族元素从上到下原子核对最外层电子数的吸引力逐渐减弱,得电子能力减弱,其非金属性:F>Cl>Br>I。

【生涯教育】从微观的原子结构入手分析,归纳出碱金属元素原子结构的特点。演示实验,丰富学生对碱金属元素化学性质递变性的感性认识。能够运用元素性质的递变性分析问题,体会实践是探求真理的道路,培养实事求是的精神、科学求真的态度。

活动四：元素周期表的应用

门捷列夫在编制元素周期表时，人类只发现了六十多种元素，因此他做过很多大胆的预测，如他预测过在铝和铟之间存在一种元素——"类铝"，4年后该元素被法国化学家布瓦博朗发现，被命名为"镓"。预测在硅和锡之间存在一种元素——"类硅"，15年后该元素被德国化学家文克勒发现，为了纪念他的祖国，将其命名为"锗"。

【引导】科学工作者正是在元素周期律的指导下，对元素的性质进行了系统的研究，推动了物质结构理论的发展。历史上氟利昂的发现正是科学家利用周期表"位置相近性质相似"规律发现的，现在科学家又在周期律的指导下在努力寻找新一代制冷剂。工农业生产上科学家是如何发挥周期表"位置相近性质相似"的指导作用的？请大家阅读课本回答。

【学生活动】① 制造新农药——非金属 F、Cl、S、P 等。② 寻找新半导体材料——金属与非金属分界线附近 Si、Ge 等。③ 寻找新催化剂——过渡金属。④ 寻找耐高温、耐腐蚀材料——过渡金属。

【生涯教育】通过多种方案的设计，体现课堂的开放性，培养学生思维，以及对所学知识的灵活运用。感受元素周期表对工农业生产的指导作用，在解决问题过程中使学生的思维方法和表达能力得到锻炼和提升。学生在学习化学知识的过程中了解生活生产中的应用，有利于学生知识的迁移，学习化学知识在职业中的应用时，了解了科学方法与过程。

三、反思与建议

本节课从同周期、同主族元素的性质对比探究，挖掘元素之间的性质递变与结构的关系。帮助学生建立宏观世界和微观世界的密切联系认知，培养学生发现探究精神。而门捷列夫这张元素周期表反映的不仅仅是元素之间的内在联系，从更广的角度去看，在哲学、自然科学、生产实践各方面都有重要意义。在哲学方面，元素周期律揭示了元素原子核电荷数递增引起元素性质发生周期性变化的事实，有力地论证了事物变化的量变引起质变的规律性。元素周期表是周期律的具体表现形式，它把元素纳入一个系统内，反映了元素间的内在联系，打破了曾经认为元素是互相孤立的形而上学观点。

通过元素周期律和周期表的学习,可以加深对物质世界对立统一规律的认识。在自然科学方面,周期表为发展物质结构理论提供了客观依据。原子的电子层结构与元素周期表有密切关系,周期表为发展过渡元素结构、镧系和锕系结构理论,甚至为指导新元素的合成、预测新元素的结构和性质都提供了线索。元素周期律和周期表在自然科学的许多部门,首先是化学、物理学、生物学、地球化学等方面,都是重要的工具。在生产上的某些应用,由于在周期表中位置靠近的元素性质相似,这就启发人们在周期表中一定的区域内寻找新的物质。

所以,这节课在进一步深化上,应利用学生感兴趣的元素周期表在生产实践和科学研究等方面的重要作用,通过指导学生自己阅读、查找资料,寻找周期表在科学研究与工农业生产中的具体应用,开阔学生视野,使学生对周期表在科学研究、化学对人类生活和社会发展的贡献有深切的情感体验,树立为人类发展而进取的人生目标。

分析化学与职业生涯分析牵手
——硫酸根离子的检验

祝岩岩

本案例选取的是高一化学第二学期第五章中的内容,通过描述一节化学实验课的教学设计,旨在介绍如何培养学生的观察能力、创新精神以及细致严谨的科学态度等优良品质。

一、背景说明

上海市深化教育综合改革的过程中,将生涯教育作为发展素质教育、推进教育公平的重要途径。中小学生涯教育的主要内容包括自我认识、社会理解、生涯规划三个方面,即指导学生探索了解自身的兴趣爱好、能力特长和个性特征,发展积极的自我概念和生涯规划意识,提升社会适应能力;认识个人与社会、学业与发展、当下与未来的关系,了解社会角色、社会分工的发展动态及不同职业的专业素养要求,形成对社会各行各业的尊重与理解;在充分的自我认识和社会理解的基础上,掌握学业规划与职业规划的主要方法,制定适合自己的学业发展目标和计划,初步设计合理的职业和人生发展路径。

化学是一门以实验为基础的学科,化学实验在化学教学中占据很重要的位置。作为一名高中化学教师,可以通过化学实验的教学,提高学生动手动脑以及分析解决问题的能力。让学生理解化学、技术、社会和环境之间的相互关系,赞赏化学对社会发展的巨大贡献,更全面地认识化学学科。在提升这些化学学科素养的同时,了解自我,发掘自己的兴趣,进一步明确今后是否继续学习化学相关专业,是否从事与化学相关的工作。即便今后不走与化学相关的生涯发展道路,化学学习培养的观察能力、创新精神以及细致严谨的科学态度等优良品质,也会让学生受益终身。

二、案例说明

(一) 学情分析

关于离子的检验,学生在初中就接触过,高一上学期也学习过氯离子的检验,已经有了一定的基础。但之前学习的离子检验并不多,步骤也比较简单,不存在干扰问题。学生只要记住方法和现象即可,也不存在分析和理解的问题。针对我们学校一些综合能力较弱的学生来说,遇到硫酸根检验这样稍复杂些的问题,思维往往会比较混乱,懒得究其原因,容易演变成死记结论。化学是一门实验性的学科,但对于学生来说,他们可能只是为了学而学,根本不知道为什么要进行实验,为什么要进行离子的检验,更无法想象以检验为主的分析化学在我们的生活当中发挥了怎样的作用。

(二) 教学材料分析

高一化学第五章第三节,在讲述浓硫酸的性质后,插入了硫酸根离子的检验这项实验教学内容。与之前学过的一些离子检验相比,硫酸根离子的检验涉及其他离子的干扰,相对来说比较复杂,考虑的因素也更多,更接近于生活中实际问题的解决。这属于无机离子的检验,是分析化学研究的一部分。分析化学具有实验性强的特点,强调动手能力和实验操作技能,以及分析解决实际问题的能力。这节课的教学可提升学生相关的化学学科素养,并通过检验认识和感知分析化学。

(三) 教学目标制定

本节课的教学目标:

1. 学会硫酸根离子的检验原理和方法;
2. 培养动手能力,观察能力,探究意识和探究能力;
3. 培养尊重事实,严谨的科学态度;
4. 了解分析化学及相关的检验工作。

本节课的难点:学会硫酸根离子的检验原理和方法。

二、课例描述

【教学片段设计 1】

复习回顾：CO_3^{2-}、Cl^- 的检验方法。

学生思考回答：

1. 加入稀 HCl，有无色无味气体生成，通入澄清石灰水能使石灰水变浑浊；
2. 加入 $AgNO_3$ 和稀 HNO_3，生成不溶于酸的白色沉淀。

归纳气体法、沉淀法两种检验方法，让学生讨论给出 SO_4^{2-} 的检验方法。

学生讨论得出初步方案：方法 1. 加入 $BaCl_2$ 溶液，生成白色沉淀；方法 2. 加入 $BaCl_2$ 溶液和稀 HNO_3，产生白色沉淀。

学生实验探究 1：

		加入 $BaCl_2$ 溶液
稀 H_2SO_4	现象	产生白色沉淀
	化学方程式	$H_2SO_4 + BaCl_2 = BaSO_4\downarrow + 2HCl$
Na_2SO_4 溶液	现象	产生白色沉淀
	化学方程式	$Na_2SO_4 + BaCl_2 = BaSO_4\downarrow + 2NaCl$
Na_2CO_3 溶液	现象	产生白色沉淀
	化学方程式	$Na_2CO_3 + BaCl_2 = BaCO_3\downarrow + 2NaCl$

修正实验方案：方法 1 不行，CO_3^{2-} 会生成白色沉淀，干扰 SO_4^{2-} 的检验；同理，SO_3^{2-} 也会干扰 SO_4^{2-} 的检验。

提问：方法 1 可以怎样修正？后面再加稀 HCl 排除 CO_3^{2-} 干扰可以吗？

学生实验探究 2：

		加入 $BaCl_2$ 溶液	加入稀 HCl
Na_2SO_4 溶液	现象	产生白色沉淀	沉淀无变化
	化学方程式	$Na_2SO_4 + BaCl_2 = BaSO_4\downarrow + 2NaCl$	

(续表)

AgNO₃溶液		加入 BaCl₂ 溶液	加入稀 HCl
	现象	产生白色沉淀	沉淀无变化
	化学方程式	$2AgNO_3 + BaCl_2 = 2AgCl\downarrow + Ba(NO_3)_2$	

修正实验方案：加稀 HCl 不行，Ag^+ 会生成白色沉淀，干扰 SO_4^{2-} 的检验。

提问：那方法 2 是不是可以？

学生实验探究 3：

		加入 BaCl₂ 溶液	加入稀 HNO₃
Na₂SO₄溶液	现象	产生白色沉淀	沉淀无变化
	化学方程式	$Na_2SO_4 + BaCl_2 = BaSO_4\downarrow + 2NaCl$	
Na₂SO₃溶液	现象	产生白色沉淀	沉淀无变化
	化学方程式	$Na_2SO_3 + BaCl_2 = BaSO_3\downarrow + 2NaCl$	$BaSO_3$ 被氧化为 $BaSO_4$

修正实验方案：加稀 HNO_3 不行，SO_3^{2-} 会干扰 SO_4^{2-} 的检验。

学生小组讨论：

交流并给出最合理方案：先加稀 HCl，排除 CO_3^{2-}、SO_3^{2-}、Ag^+ 等离子的干扰，再加入 $BaCl_2$ 溶液，生成白色沉淀，证明有 SO_4^{2-} 的存在。

提问：可否用稀硝酸酸化？

思考讨论：不可以，稀 HNO_3 也会将 SO_3^{2-} 氧化为 SO_4^{2-}，干扰检验。

【实施效果】

此教学环节提出化学问题，先让学生根据所学推测检验方法，再亲自做实验验证，依据实验结果，及时修正优化实验方案。整个过程中，学生不但要完成实验操作，还要对观察记录的实验信息进行分析，并与其他同学交流获得结论。这锻炼了学生的观察能力、动手能力、人际交往能力。SO_4^{2-} 的检验方法步骤不多，但要想透彻地理解它的确并不容易。经过这一环节的教学，学生体验了整个的探究过程，可知晓知识是如何生成的，自然记得牢。因为这个实验的操作很简单,所以实际教学中要避免小组中个别学生参与度低,防止学生不动手或者不动脑只动手。

【教学片段设计2】

介绍分析化学和化学检验工作:

这节课我们检验的溶液主要是单一溶质的溶液,对于离子的检验也只是停留在定性分析。在现实生活中,溶液的成分往往比较复杂,对离子的检验也会上升到定量的角度,如何能够避免其他离子的干扰,进行准确的测定呢?就需要多分析多思考,想出周全的实验方案,还要借助更加先进和精密的实验仪器和实验方法。

离子的检验属于分析化学的范畴,分析化学是化学的一个重要分支,是关于研究物质的组成、含量、结构和形态等化学信息的分析方法及理论的一门科学。有极高的实用价值,广泛应用于地质普查、矿产勘探、冶金、化学工业、能源、农业、医药、临床化验、环境保护、商品检验、考古分析、法医刑侦鉴定等领域,涉及的工作,包括法医、化学检测员、医院化验员、环境检测员等。现代分析化学还具有综合性强的特点,涉及化学、生物、电学、光学、计算机等学科的相关内容,要求工作者具有很强的责任心。如果有同学想要向这个方向发展的话,就一定要好好学习化学,养成细致认真的好习惯。

【实施效果】

学生已经亲身体验了硫酸根离子的检验过程,这时介绍与化学检测相关的工作,会提升学生的兴趣、加深印象。这些检测工作,如质量检测、环境检测、水质检测等,大多是定量的,比硫酸根离子这种定性检验还要复杂,要求还要严格。规范的操作、科学的方法、精密的仪器和对工作认真负责的态度,缺一不可。在这里对学生进行生涯导航教育,让学生了解分析化学专业,了解哪些领域和行业与化学相关,不但加深了学生对化学学科的了解,还丰富了学生对一些职业的认识。

三、反思与建议

SO_4^{2-}的检验方法看起来很简单,结论只有一句话,但涉及钡盐和酸的选用,需要考虑排除其他离子的干扰。以往总会有一部分同学将它的学习变成死记硬背。本节课在引导学生去思考的时候,给学生讨论交流的机会,也给了学生亲自动手操作、观察实验并验证的机会,这个过程促进了学生多方面能力的培养。但具体教学中,由于学生的层次不同,需要教师合理分组,并适当给予帮助。

本节课在课内教学的基础上,渗透了生涯教育,简要地向学生介绍了分析化学以及相关的化学检测工作,让学生对此有了初步的认识。同时指导学生探索了解自身的兴趣爱好、能力特长和个性特征,发展积极的自我概念和生涯规划意识。教师可鼓励有兴趣的同学课下进行资料查询,进一步了解与分析化学有关的高校专业设置和社会职业需求等信息,为选学择业提供保障。

在物理实验探究中植入生涯能力意识

郑尹杰

本案例选取的是上海科学技术出版社《物理》高一第一学期,1G 学习包——自由落体运动,通过描述学生在课堂实验中的表现差异,旨在论述如何培养学生的探究能力。

一、背景说明

普通高中阶段的生涯教育侧重于生涯规划。主要通过生涯教育课程与活动实施,深化学生的自我认识,以高中学生综合素质评价为指导,以志愿服务(公益劳动)、研究性学习等学习实践活动为载体,增强学生的社会意识和社会参与能力。在选学择业的过程中,指导学生了解高等院校的专业设置和社会的职业需求等信息,激发学生的学习潜能,培养学生学业和职业的规划能力,提高学生的生涯决策和管理能力。

课堂不仅仅是知识的传授,还包含了对学生未来发展的培养和指导,让学生在学习的过程中根据自身职业素养的积累情况,逐渐确立自己将来的职业倾向。

本节课是一节高一的物理课,重点旨在经由教师的引导,学生通过实验现象思考、通过实验设计探究、通过实验展示交流,锻炼出核心素养所要求的能力。实验探究的能力并不仅仅指向物理学科本身,这锻炼了学生在面对未知问题时主动思考、自己寻求方式方法解决问题的能力和自信,能够快速接受新鲜事物、不断突破自身上限,在任何工作中都是非常重要的个人素养,对学生职业生涯发展具有重要意义。

二、案例

(一) 学情分析

学生虽然学习了匀变速直线运动,但还是很难将这种理想化的情况和实际生活中常见的自由落体联系起来,并直觉地排除空气阻力的影响。此外,"自主解决问题"也是刚升上高中的学生所少有的体验,所以需要先通过两组小实验让学生加深空气阻力影响的理解,得到自由落体运动的条件并习惯自己从零规划方案,最后才能展开实验设计。高一学生由于年龄尚小,生活中很少有自己做决定的机会,自然也就缺少相应的规划能力,在考量前提条件并制订方案这个角度,实验设计与职业规划有相通之处。

(二) 教材分析

学习包是新编物理课本中的一种学习载体,主要体现在学生学习方式的改变,突出学生学习时的自主性、主动性、选择性。自由落体运动作为一种生活中常见的运动,非常适合学生从身边的现象出发进行探究。

(三) 教学目标

知识与技能:

1. 知道生活中的自由落体运动受空气阻力影响,而课程中所研究的自由落体运动是一种理想化模型。

2. 理解自由落体运动是初速度为零的匀加速直线运动。

3. 知道重力加速度的大小和方向。

4. 知道重力加速度的值会随地理位置变化而有不同。

5. 能运用自由落体运动规律解决简单的实际问题。

过程与方法:

1. 体会物理研究中突出主要因素忽略次要因素的思想。

2. 体会转换法、控制变量法在物理实验中的应用。

3. 体会结合生活实际,经分析、类比等方式对某观点真伪进行判断的思维方式。

情感态度价值观：

1. 通过伽利略和大卫·斯科特的实验体会永无止境的科学探索精神。

2. 通过实验进行中的细节体会物理严谨的科学态度，培养认真对待工作的态度，一切都言有所凭，行有所依，有责任感。

3. 通过自主设计、完成实验体会自己解决问题带来的成就感，培养学生未来在工作中独立思考问题解决方案的自信。

（四）课例描述

本节课的核心环节由三个实验组成。

实验1：验证生活中的自由落体运动与哪些因素有关（学生实验）

问题：大家之前已经对匀变速直线运动有了基本的认识，在我们的生活中，其实就有这样一种非常常见的直线运动——物体下落。在物理中，我们把它称为自由落体运动。大家有没有想过，同样是下落，有的东西快有的东西慢，这有可能是受什么因素影响的呢？

预设回答：轻重（重力/质量），形状（空气阻力），密度。

设计意图：对于回答轻重的情况，指出应该用物理的名词重力/质量来表示；回答形状的情况则保留，等学生在做实验的过程中体会形状实质上影响的是空气阻力，如果有学生直接猜测空气阻力，则增加一项任务，要求学生在实验中确认空气阻力是否与形状有关；对于回答密度的情况，指出密度其实是由质量和形状（体积）共同决定的，应当尽可能地把变量分开，所以要排除。

面对一个未知问题，学会对问题中的重要因素进行确认和探究，自己找到解决问题的正确方向，是在职业道路上前进的重要能力，即使研究的不是物理问题，这种分析、比较的方法也是通用的。

实验2：比萨斜塔实验、大卫·斯科特月球实验（演示实验）

问题：在过去也有人自己设计过实验来证明这一点，就是伽利略著名的比萨斜塔实验，他把一个铁球一个木球同时从塔上扔下，两球同时落地，来证明得到了这个结论。那同学们有没有想过，我们已经知道现实中的自由落体受空气阻力影响了，伽利略的实验和我们刚才第一组同学做的实验也都受空气阻力影响吧,那不是不准了吗?

预设回答:根据生活经验,铁球、木球这类物体受到的空气阻力影响相对比较小,可以忽略。

意图:这一提问并不要求学生一定能回答出,只要能通过一时的疑问吸引他们的注意力,引起思考,让他们再次感受物理中"突出主要因素,忽略次要因素"的思想就可以了,更不必去论证空气阻力的影响到底多大、多小。

本实验的特点在于将一个很小的物理现象用非常夸张的资源进行呈现,而这背后夸张的资源(登月计划)又起源于对自由落体这一小现象的研究,这种小中见大的设计有一种别样的美感,对价值观的培养能让学生在未来的工作中以更积极的心态面对工作中的细节。

实验3:探究自由落体是什么类型的运动(学生实验)

问题1:在经历了之前的学习后,我们不禁要产生疑问:"自由落体运动到底是什么类型的运动?"首先我们知道这肯定是一个直线运动,那么它到底可能是什么运动呢?

预设回答:匀变速直线运动。

问题2:那么大家回想一下,根据我们之前的学习,我们有哪些方式能够来判断一个物体做的是不是匀变速运动?

预设回答:打点计时器、频闪照片、DIS。

方案:DIS位移传感器。

由于DIS位移传感器能直接得到v-t图像及加速度,只需要观察v-t图像是否为一根倾斜直线就能判断自由落体是不是匀加速直线运动,并且根据多次实验得到的结果确定重力加速度是一恒定值。

意图:第二节实验课开始前主要提出对于打点计时器的方案,要点在于将不能直接测量的速度转化为匀变速直线运动特殊的位移-时间关系,而两方式共同的重点在于,变更自由落体物体的质量多次测量以消除实验误差和寻求共性的规律,在实际实验时一般采用DIS进行。本实验重心主要为实验设计及之前的部分,具体实验操作相对简单,完成后,得出"自由落体运动是匀加速直线运动""不同质量物体做自由落体运动的加速度相同"的结论。

三、反思

现阶段对于高一大部分学生来说,对于实验设计的参与热情还是有的,但是具体的方法并不很得要领,在最初进行的尝试往往缺乏最基本的理性思考,所以需要在实验前给予适当的引导,这种引导如果用讲授的形式,难以让学生在短时间内理解,还是需要更加具体的实例。比如在本节课学生验证物体下落速度是否与质量、形状有关的时候,我先运用控制变量法进行一次对"质量"的探究,再让学生自主设计进行对"形状"的探究。

从课堂反馈来看,大部分学生都能主动动手选择合适的器材进行实验,基本也都得出了正确的结论,在没有详细指导的情况下,也没有出现愣在原地不知所措的学生,甚至出现了两组我预想之外的合适的实验设计。

从作业情况来看,虽然因为实验设计的格式没有专门训练,所以看上去比较凌乱,但基本上对于如何测量加速度,学生都有自己一定的想法,能够设计出一个大致的实验框架。对于高一刚开始两个月的学生来说,我认为符合"实验探究"能力培养的进度。

另外,对于根据学生自身的实验设计列出实验报告,需要建立在学生对实验比较深入了解的基础上,如果在第一节课就进行这样的练习,同时考验学生的实验设计和报告撰写,难度较大,效果不明显,可以作为后期的综合复习。

而从生涯的角度来说,这种积极面对问题、主动寻找解决方案的态度要想在短短一节课内得到明显的提升是不现实的,这一方面的指导重在平时持续的鼓励和积累。"生涯教育"流于表面时是非常空洞无味的,只是一味地让学生有探索精神、负责、严谨等,都是学生知道的大道理,没有实际体会。真正能够内化于心的责任、态度,应当是交融在学科教学中的。

以本节课的问题解决能力为例,需要从学生的主观态度、个人自信、实际能力等角度进行很多步的铺垫,要通过不同课时的不同方面,比如通过讲解史实激发学生对实验价值的认可,通过成功体验建立学生自信,通过任务驱动锻炼学生能力,不把职业素养的培养流于一两节班会课的泛泛而谈,而是通过教学中的实际情境进行切实的锻炼。

光合作用实验引出生涯渗透教育
——生命科学生涯渗透案例

邹佳伟

本案例选取的是高一年级生物学科"光合作用"一章内容,通过描述一节具体的实验课设计,旨在介绍如何培养学生对于生命科学实验的设计与数据分析的能力。

一、背景说明

在现今的教育大环境下,上海市教委根据学生的发展现状和教育的需求,提出了在教育过程中加强生涯教育的指导意见,指出对于"普通高中阶段的生涯教育侧重于生涯规划……在选学择业的过程中,指导学生了解高等院校的专业设置和社会的职业需求等信息,激发学生的学习潜能,培养学生学业和职业的规划能力,提高学生的生涯决策和管理能力"。

就本节课而言,在教学过程中,要求学生对光合作用过程有清晰的认识,然后再引导学生对光合作用的影响因素进行判断,再思考如何定量判断,怎样测定这些定量。这就需要培养学生对于生命科学实验的设计与数据分析的能力,与我们生涯教育中的职业素养方面的培养不谋而合。

二、案例说明

(一)学情分析

对于高一的学生来说,这是他们第一次接触到生命科学的定量测定实验,希望能够通过这样的实验让学生慢慢感受到生命科学的实验原理和方法,带领他们感受实验室的工作生活。在初中阶段,学生有进行过生命科学实验的经验,但是机会并不多,且更多的只是观察实验,定量测定的实验几乎没有。在带领他们进行实验时,可以让学生与初中的实验进行对比,了解其中的相同与不同之处。在生涯教育方面,通过学生对于生物实验材料和实验过程的亲手接触,感受本学科的学科素养,从而体会到生命科学相关职业所需要具备的严谨的科学素养与灵活的多角度的设计实验的过程,从而对本学科的相关职业素养起到培养作用。

(二) 教学材料分析

本节课是测定光合作用影响因素的实验,教学主要靠实验室材料和学案。

通过学案,让学生对于光合作用的过程进行分析,从而更有针对性地对影响因素进行设计定量检测方法,而实验室材料,则是实验设计后的实践,让学生在实践方面的职业素养、科学素养得到提升。

(三) 教学过程分析

首先在引入部分,先提出问题:光合作用的过程非常复杂,人们研究光合作用的目的是什么呢?同时呈现光合作用过程的图片。进一步提问:根据所学的光合作用的知识推断,通过改变哪些环境因素可以提高光合作用的强度。

意图:创设问题情景,引导学生发现问题,激发学生的学习动机和学习兴趣,同时通过研究光合作用的意义价值,提高学生的科学素养。

再提问:影响光合作用的因素这么多,如何对每一个因素进行研究?提示:要采用什么实验原则,选择的实验变量必须是单因子变量,其他无关变量必须控制一致;外因通常选择光照强度、CO_2 浓度、温度三个主要影响之一,其他条件必须一致(如植物种类、叶龄)。

意图:教师在学生思考的基础上以一个具体的例子如光照的强度对光合作用的影响进行展开,同时,强化学生在实验中控制单一变量的原则,培养其科学素养与实验实证方面的职业素养。

第二部分是实验的原理确定与实验设计阶段。首先对全班进行分组,确定每一小组的探究课题。全班共探究三个课题,分别是温度、二氧化碳和光照强度对光合速率的影响。真空渗水法实验原理:利用真空渗水法排除叶肉细胞间隙中的空气,充以水分使叶圆片沉于水中。在光合作用过程中,植物吸收 CO_2 放出 O_2,由于 O_2 在水中的溶解度很小,主要积累在细胞间隙,降低了叶圆片的密度,结果可使原来下沉的叶片上浮。因此,根据叶圆片上浮所需的时间长短,能比较光合作用的强弱。向每一小组发放实验方案的空白表格,将每一小组的设计方案进行评价,并以一个小组的实验方案作为模板,进行改进。

意图:教师及时总结实验设计的对照原则,培养学生设计科学实验的职业素养。

第三部分是实验实施阶段。教师演示叶片的打孔和真空渗水过程。学生进行操作,教师巡视,对小组出现的问题进行指导。

意图:教师及时发现问题,进行指导,培养学生动手操作能力方面的职业素养。

第四部分是数据分析阶段。每一小组选代表将实验的结果写在黑板上,并引导全班学生分别对三个探究课题的结论进行讨论。教师首先对图或表的表达形式进行评价,如果是曲线表示,横坐标和纵坐标是否表明单位和代表的含义。将讨论的重要结论以板书的形式写出来。

意图:通过学生的讨论与教师的引导,逐步分析出实验的结论,培养学生对于数据汇总与信息处理方面的生涯能力。

第五部分是应用与巩固阶段。提问:你能利用我们得出的实验结论,提出在农业生产中提高作物产量的具体措施吗?在学生讨论的基础上,教师总结,并相应板书在其影响因素的后面。

意图:通过创设情景方式的总结,既能总结本节课中的知识点,更激发学生的兴趣,使得学生愿意去主动思考,进一步培养学生将所学知识应用于生产生活中去,提高学生的生活中的科学素养和探究工作中的职业素养。

三、反思与建议

在本节课的生涯元素渗透过程中,运用实验的设计与操作,将生命科学工作的相关科学素养与职业素养,对学生进行了潜移默化的渗透。在这一方面,我在实践中发现,在教室中的空泛的演讲式的授课并不能引起学生很强烈的共鸣,而进入实验室,学生设身处地地去实践相关的目标时,这种共鸣会显得非常明显,所以科学实践对于我们生命科学教育方面的帮助是非常大的。

但是在本节课中,依然有某些方面还可以改进,比如在进行单一变量的选择和检测的过程,也可以引导学生自主思考得到结论,这样让更多的学生融入实验设计者的角色中,更能够对职业素养有一个加深作用。

第三章
释题——回应现实的善导

学生生活在现实世界中,成长在学习环境中。生涯对于学生来说,既渴望了解又倍感陌生,既憧憬规划又无从着手。"生涯教育"在及时伸出援手的同时,通过教师的引导、学科的启迪,营造潜移默化的教育氛围,让学生从中感知"生涯教育"的初衷所在。

全程对焦：
"生涯教育"启蒙贯穿课程教学

"生涯教育"之于课程教学，应该是教育内容的精准对接，教育效果的精确到位，教育启发的精彩有致，教育感悟的精细无痕。对于教师，教材的选例渗透应是信手拈来，说事论理应能娓娓道来。对于学生，认识与感知应是有感而发始而恍然大悟。

在《了解国家财政》课中体现"生涯教育"元素

孟晓玮

本案例选取的是高一政治经济学部分中关于国家财政、税收等相关内容,教师通过小组合作的学习方式,培养学生的科学精神和公共参与能力,这种"浸润式'生涯教育'"在促进学生提升学力的同时,也使其了解和财政相关的行业与职业所需要的主要素质和能力,提升了学生进入高校和踏入社会的学习素养。

教育部《关于全面深化课程改革落实立德树人根本任务的意见》中提及学生发展的核心素养。核心素养明确学生应具备的适应终身发展和社会发展需要的必备品格和关键能力,强调个人修养、社会关爱、家国情怀,更加注重自主发展、合作参与、创新实践。

核心素养被置于深化课程改革、落实立德树人目标的基础地位,成为下一步深化工作的"关键"因素,是提升人才培养质量的关键环节。而核心素养的培养途径虽然有很多,但是,利用学科课堂教学来落实核心素养培养的目标,应该是一条重要途径。

在生涯发展过程中,学生必须具备的核心素养,应当包括高中生身份认同和持续发展需要具备的能力。主要来说应当包括:文化基础、自主发展和社会参与。政治学科的学科核心素养则包括:政治认同、科学精神、法治意识和公共参与。由于政治学科的显性德育功能,学科的核心素养与人的基础能力素养有着高度的一致性与内涵外延的深化延展关系。两者都可以并且应当作为生涯元素在学科的课堂教学中渗透落实,以下以高一某部分知识内容的课堂教学实践为例,说说相关知识内容中的生涯元素落实途径。

一、教学说明

在现行的高中思政学科教材中,高一的政治经济学部分中关于国家财政、税收等相关内容,对学生了解国家层面的经济政策等从知识角度切入提出了基础性要求。从财政知识的角度来说,教学基本要求中只涉及两个大的知识要点,财政的含义和财政的重要作用。知识内容虽然不多,但是因为离学生的实际生活比较远,所以在知识了解和落实上学生比较难有直观的感性认识。但是在学生树立社会和国家观念的过程中,对于国家财政等知识的学习和了解又可以作为一种非常重要的生涯素养培养的胚质,所以在教学目标的设置中可以也应当将学科素养和生涯素养的落实结合起来。

在本内容教材目标的设置中,我将《了解国家财政》相关内容安排 2—3 课时,教学目标设置成几个层次:

1. 知识目标:识记财政的含义,说明国家财政收支的分配是通过国家的预算实现的,辨认或列举反映财政收支的社会经济现象。理解财政的重要作用,阐述财政作用的发挥与财政收入、经济发展之间的关系,运用财政作用的相关知识以图文信息转换的方式描述或解释社会经济现象。

2. 学科素养目标:学会学习,乐于通过小组合作和信息收集分享的方式学习陌生知识。在实践创新中寻找问题解决的方法,过程中培养科学精神和公共参与能力,提高对国家的认同感。

3. 生涯发展目标:思考国家财政在国家和社会发展中的作用,了解和财政相关的行业与职业及其需要的主要素质和能力。

本内容的教学重难点,主要是理解财政的作用,在实践过程中将知识内容收集整理整合,以及将国家财政与国家社会发展、与行业职业、与自身生涯选择相联系。

二、课例描述

本内容教学过程中,我主要采用问题解决导向,给学生分组布置任务。第一课时中,首先要求学生阅读教材,回答本内容知识信息的相关问题。主要问题设置根据需要学生掌握的知识内容,对大的知识点加以细化。然后要求学生通过阅读教材、网络信息收集等方式将问题的答案收集整理出来。

在这个过程中,既是通过分组的方式让学生体验小组合作学习,也让学生体验最初步的问题解决模式,即通过已有的教材材料的阅读和开放式的信息收集来解决问题。这在学科和生涯素养中都是最基础、最简单,也是最常用、最便捷的问题解决途径。这个任务,通过分组分工,学生可以完成得很不错。所以这个任务目标可以作为最基础的底层任务设置。

走近国家财政

- 什么是财政?
- 什么是财政收入,有哪些取得方式?
- 什么是财政支出,有哪些支出项目?
- 财政收支之间是什么关系?
- 财政收支怎么分配(通过什么实现)?
- 财政收入的安排原则是什么?
- 财政支出的安排原则是什么?
- 经济发展和财政收入的关系是什么?
- 财政有哪些重要作用?
- 财政的作用得到充分发挥关键是什么?最根本是什么?

图1 第一课时教师讲义

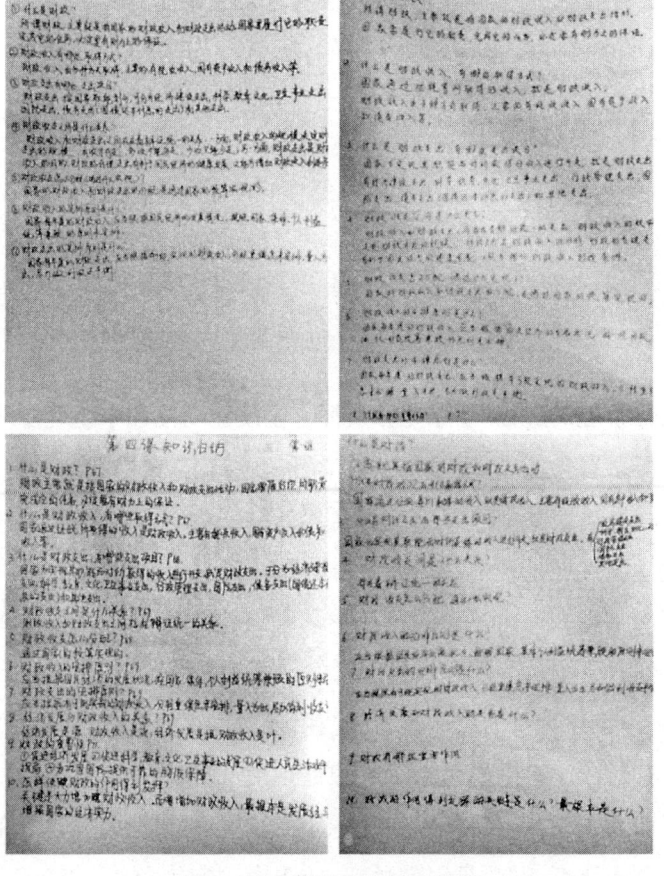

图2 第一课时学生学习笔记

第二层次的任务是要求学生对收集到的知识点进行结构性整理。这样的整理是对知识内部关系的一个进阶理解，把知识点间的逻辑结构排列出来，本身就是建立在了解知识内容，并知道知识内容间的逻辑关系的基础上的。也就是通过辩证思维的方式，将碎片化的信息综合起来，这个过程是培养理性辩证思维的重要方式。

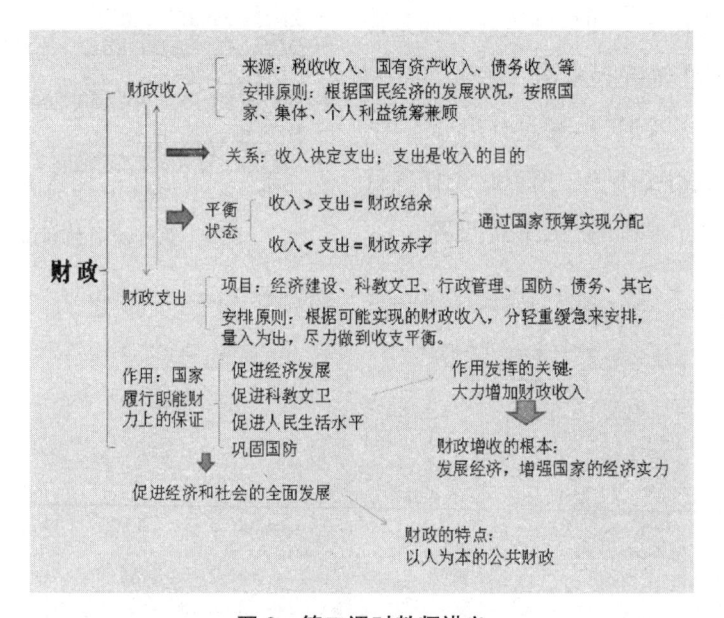

图3　第二课时教师讲义

这个结构整理的过程，学生充分发挥了主观能动性和小组合作的良好态势，虽然最后的结果有参差，但是过程性的学习都做到了，更是看到了学生们对于知识乐学的一面。这是高中学习中学习素养的核心内容之一，也是任何一个学生接下来人生生涯发展过程中必不可少的生涯素养。

第三层次是在知识内容理解过程中学科素养的培养。比如在理解"国家的财政收入和财政支出的分配是通过国家的预算实现的"这一知识内容时，我首先要求学生思考，每年大量的财政收入应当由谁来负责分配，怎样的分配原则才是合理的呢？这对于学生来说是个很大很遥远的问题，所以学生除了直接通过查找搜索资料的方式来找寻答案以外，更多的是要寻找知识内容的内在逻辑。

学生们首先认可，财政是国家的钱，应当由国家来负责分配，而财政的主要

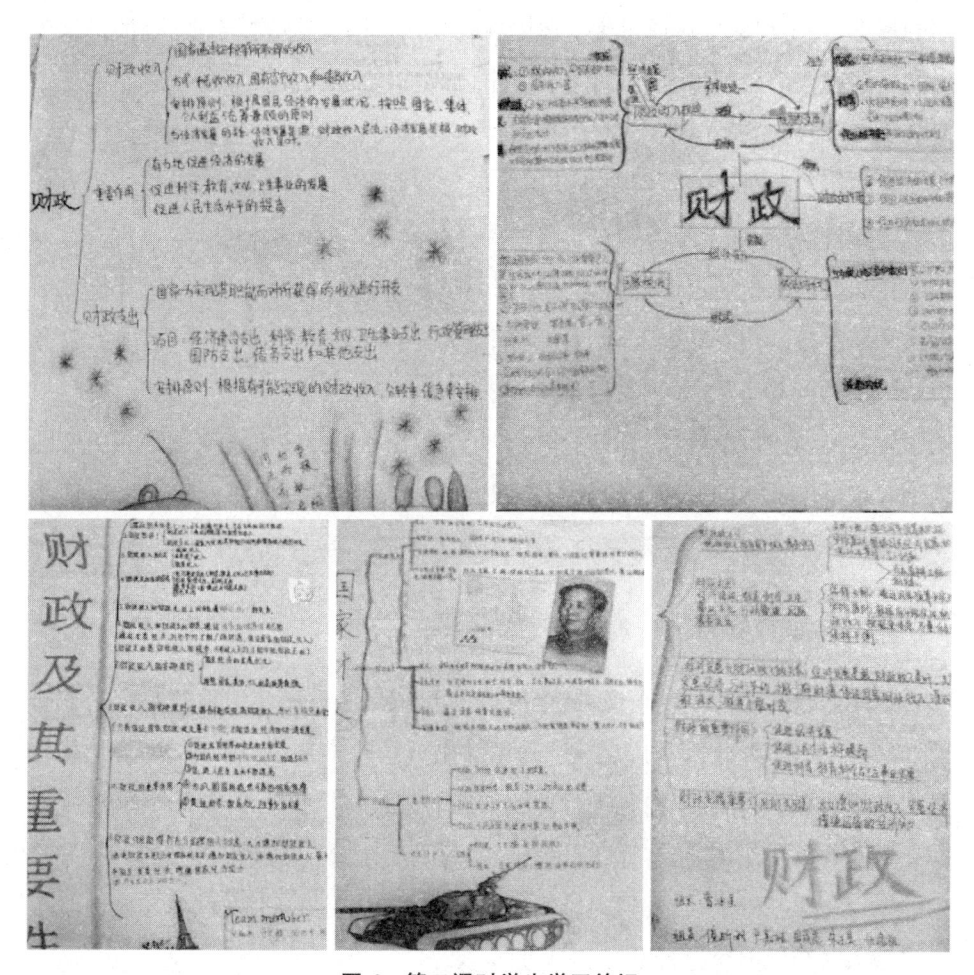

图 4 第二课时学生学习笔记

来源是税收,取之于民,所以财政也应当用之于民。而且,财政的分配过程是一个庞大而专业的过程,财政分配需要考虑的因素很多,是一个多方平衡的问题,所以应当由专业人士来完成。从这个认知出发,再帮助学生理解财政收支的分配是通过国家预算实现,而预算必须通过人大这个权力机关,体现全体人民对财政工作的监督,逻辑上就理顺了。而财政分配过程中的专业性与全局性等,也自然让学生明白从事相关财政工作需要专业的素养。

这个层次的落实,是一个核心素养内在挖掘、理解、认同的过程。在知识学习理解的过程中,学生能够理解与财政相关的国家意识,树立科学精神和公共参与的理念,一定程度上达成学生个体内在的政治认同。这些核心素养,都是学生生涯发展过程中必须培养的,对于学生个体成长与发展、社会理解和适应都有重要的意义,能够渗透在课堂学习中过程性培养,是教育教学应当承载的责任。

第四层次是对课堂教学中涉及的社会发展背景与行业职业情况进行拓展性了解,将显性外生涯元素渗透在学科的课堂教学中。

比如要求学生通过信息收集分享来看国家和地方的财政预决算情况,然后带出从事财政工作的相关职业,比如财政相关的行政机关工作人员(国家公务员)、经济顾问等等,通过对行业职业的拓展性了解,挖掘相关内外生涯素养,对照学生自身,看看自己已经具备的内生涯元素,是否适合或者有兴趣往相关职业规划。也可以了解国家相关职业发展状况,知道行业发展前景。这样可以使生涯元素与知识内容相互渗透结合,将生涯元素渗透入学科教学中。

三、反思与建议

从课堂教学的落实度来说,这个内容的知识是对教材知识重新整合后安排的,以《走近国家财政》为内容主题,采用学生分组收集知识,对知识进行结构性梳理总结,再对具体知识内容进行理解掌握的方式。从教学重难点来说,主要集中在财政的重要作用,从本课的设计来说,这是要建立在对知识内容的了解和结构的整理完成基础上,对知识内容间的逻辑联系有一定的理解,然后才能由学生自主深入对知识内容进行学习和思考。

从课程的设计来说,整体内容横跨 2—3 课时,客观上给了学生用课与课之间的时间进行信息资料的收集和拓展内容的了解学习,对整体教学目标的完整达成给了时间上的支持与保证。

从生涯元素的渗透与结合来说,教师先要转变观念,学生必须具备的学生发展核心素养、学科教学中强调的学科素养,以及生涯目标中的生涯核心素养,都是学生个体成长素养的不同方面,互相结合为个体发展的整体要素。所以这些素养都是发展矛盾的特殊性,背后有普遍性支持。所以可以并且应当与学科知识的课堂教学相结合渗透,这本身就是学科教学应当完成的教学目标。

知识意识、态度价值观目标可以通过课堂知识讲解的过程完成传递,而方法和技能更多地要通过具体的课堂和课外任务以及实践创新的过程来达成。所以,传统课堂模式要向新型任务达成或者问题解决的课堂模式转型,才能真正加快对学生基础生涯核心素养的实践培养。

职业素养需求和行业发展前景是对学生未来向职业人发展的重要了解内容,这些内容同样可以作为拓展性生涯元素渗透于学科课堂,既能延伸课堂学科教学内容的外延,也能深化学科知识的内涵,更能帮助学生探寻自身对于课堂知识相关联职业与行业的适应度与兴趣度。通过对于渗透于课堂学科教学内容中生涯元素的了解与感悟,帮助学生初步筛选行业职业岗位,了解需求,更好地将自身发展置于社会发展的大背景下,也与未来的职业和人生选择相联系。这样的生涯元素渗透,并不是对学科教学的额外增加内容,而是学生发展过程中教育教学本身就承载的责任,也是学科生涯德育元素渗透的显性体现。

历史学科渗透"生涯教育"
——以《罗马法体系》为例

程苇苇

本案例选自华东师大版高中历史第一册第三单元第 9 课《罗马法体系》,通过描述罗马法的世界地位与影响,罗马法的政治规范意义,罗马法对于维护罗马国家发展与政治统治的重要意义,罗马法对后世的长远影响,学生在提升学力的同时,增强了积极探索的学习精神,拓展了研究问题的思路方法,提升了分析与解决问题的能力。

一、案例背景

"生涯教育"强调立足学生的长远发展,培养学生在人生长远发展中所具备的核心竞争力与人文素养,尤其注重培养学生良好的人生理念、工作态度、沟通能力、实际工作技能与终身学习能力。我校对学生开展全方位的生涯教育,在学科教学中实现"浸润式'生涯教育'",以促进学生长远人生价值的实现与发展。

历史学科是涵养人文精神与培养公民意识的重要阵地,也是培养学生生涯理念和启迪人生智慧的重要学科。高中历史的教学立足于初中历史知识,更加注重培养学生的思辨能力,重视从史料出发的概括、比较、练习、讨论与论述。要求学生通过高中阶段的学习,进一步加深对历史发展线索的整体性理性,掌握历史唯物主义的世界观和方法论。在此基础上,培养学生独立探究历史现象的初步能力与学生作为公民应具备的正确的社会历史意识,是历史学科贯彻生涯教育的重要使命。

二、案例说明

本课内容节选自华东师大版高中历史第一册第三单元第 9 课《罗马法体

系》。作为崛起于地中海地区的又一文明中心,伟大的罗马帝国影响世界的不仅是军团疆域与基督教,更有影响欧洲乃至当今世界的罗马法系。罗马法随罗马国家的矛盾发展与统治能力的变化而不断更新,罗马人的法制与平等精神为后人树立了榜样,而罗马法的内容思路与格式形式更为后来世界各国的法律发展产生了深远影响。本课的重点在于学习掌握罗马法在不同时期的具体体现,难点在于理解古罗马法律制度的作用及其影响。通过对本课的学习与讲授,培养学生的唯物史观,培养学生尊法、守法、护法、用法的公民精神,为学生生涯发展注入法制元素,培养学生的现代公民精神。

本课的教学对象为高一学生,他们思维活跃,求知欲旺盛,对本课中的罗马帝国充满了好奇与学习欲,对于本课已有片段零碎的知晓或了解,但仍缺乏对罗马法律的系统了解,需要结合多角度的历史材料,提升学生透过现象看本质的能力,理解与领会罗马法发展过程及其意义影响。本教学案例通过"学生思考—教师讲授—学生分析—教师总结"的思路,充分发挥以老师为主导、以学生为主体的积极性,系统学习罗马法的形成过程,立足唯物史观分析罗马法的形成原因,从历史辩证的角度评价罗马法体系,形成对学生思维的锻炼与对罗马法历史的深入学习。

三、课例描述

环节1:展示德国著名的法学家耶林对罗马法的评价。设问:耶林为何如此高度称赞罗马法?罗马法究竟是如何最为长久地征服世界的呢?

环节1材料:

德国法学家耶林曾经说过:"罗马帝国曾三次征服世界,第一次以武力,第二次以宗教(基督教),第三次以法律。武力因罗马帝国的灭亡而消失,宗教随着人民思想觉悟的提高、科学的发展而缩小了影响,唯有法律征服世界是最为持久的征服。"

——[德]耶林《罗马法的精神》

设计意图:通过名家言论,感知罗马法的世界地位与影响,通过设问,激发学生思考罗马法的内容与意义。带着问题自觉课文,边听课边总结,为本课讲授做铺垫。边读书边思考,培养学生生涯发展中良好的学习方法。

环节2:结合《十二铜表法》部分法律文献与洛罗莫罗斯财产处理的案例,在首先了解《十二铜表法》内容特征的基础上设问:我们知道,罗马在公元前451—公元前450年间,出台了《十二铜表法》。请你设想一下,在无法律约束与法律出台生效后,当时的法官可能会如何审理材料中所涉及的案件?有何不同?

环节2材料:

第3表:债权人可将无力偿还的债务人,交付法庭判决,直到将其戴上足枷、手铐,甚至杀死或卖之为奴。

第5表:凡以遗嘱处分自己的财产,或对其家属指定监护人的,具有法律上的效力。

第8表:凡故意伤人肢体而又未能取得调解时,则伤人者也需受到同样的伤害。

第11表:禁止贵族与平民通婚。

——摘编自《十二铜表法》

洛莫罗斯是一个仁慈、善良的贵族,也是罗马一支军队的首领。公元前510年立下遗嘱,把他一半的财产捐给跟随他作战受伤或战死士兵的家人。但洛莫罗斯死后,他的家人却不履行洛莫罗斯的遗嘱,受伤或战死士兵的家人因此告上了法庭。

——人民版高中历史必修教材

设问:罗马在公元前451—公元前450年间,出台了《十二铜表法》。请你设想一下,在无法律约束与法律出台生效后,当时的法官可能会如何审理材料中所涉及的案件?有何不同?

设计意图:教师讲授《十二铜表法》出台的历史背景,结合《十二铜表法》中的内容选读,使学生领会《十二铜表法》的"成文法"意义与内容特征。立足于此,启发学生思考与体会,在无法律约束之下的平民权益与社会秩序,进而感知法律的维权利器与政治规范意义。在此联系学生生涯发展中的法制因素,渗透个人发展必须立足法律框架,在必要时刻个人必须积极维权的法律素养。

环节3:出示罗马帝国疆域扩张动图,出示统治者奥古斯都对人口急剧增多和民族矛盾急剧增加的抱怨,设问:假如你是奥古斯都,你会怎样管理人口繁多又差异极迥的各族矛盾,以实现国家的长治久安呢?

环节3材料:

帝国元首奥古斯都叫苦不迭:"麻烦在于人口的众多,管理事务的繁杂。因为公民包括了种族和能力上形形色色的人,他们的秉性和愿望更是千差万别,所以统治起来困难至极。"

设问:假如你是奥古斯都,你会怎样管理人口繁多又差异极迥的各族矛盾,追求国家的长治久安呢?

设计意图:结合罗马帝国疆域版图迅速扩张、社会矛盾急剧增加的背景,激发学生思考法律对于维护罗马国家发展与政治统治的重要意义,理解和明确万民法的目的与适用对象。结合罗马帝国后期的政治发展,指出罗马公民法与万民法的统一是历史的必然。类同个人生涯中的发展性,立足于现实社会矛盾,积极调整与提升自身,从而实现个人与社会的共同发展。

环节4:再次出示耶林对罗马法的"最持久的征服"评价,出示相关材料,使学生在思考的基础上分组讨论,为什么耶林说"唯有法律征服世界是最为持久的征服"? 我们应如何看待被誉为"征服世界"的古罗马法呢?

环节4材料:

材料一:自由民在"法律面前人人平等",依法享有国家全面保护的公权和私权。

——《万民法》

材料二:任何人在缺席时不得被判罪。同样,不得基于怀疑而惩罚任何人……与其判无罪之人,不如容许罪犯逃脱惩罚。

任何人不能仅因为思想而受惩罚。

——《民法大全》

材料三:债权人可将无力偿还的债务人,交付法庭判决,直到将其戴上足枷、手铐,甚至杀死或者变卖为奴。

——《十二铜表法》

材料四:没有东西比皇帝陛下更高贵和神圣,皇帝的敕令具有法律的效力。

  奴隶和隶农必须无条件服从主人,服从"命运"的安排,对逃亡的奴隶和隶农必须严加惩治。

  妇女不得参加任何公务,因而她们不能担任法官,或行使地方官吏的职责,或提出诉讼,或为他人担保,或担任律师。

——《民法大全》

  设计意图：发挥学生的主体精神,激发学生思考的积极性,结合课内外所学,通过分小组讨论,分析总结罗马法对后世的长远影响,感受文明的本身意义。在学生发言过程中,教师带领学生分析材料含义,从马克思主义唯物辩证角度评价,带领学生理解法律与法制的历史阶段性与长久发展性,强化学生的历史唯物主义的分析能力。贯彻学生生涯发展中的法律与规范性要素,引导个人职业规划与社会文明前进相结合。

  环节5：作业布置：古罗马是欧洲重要的文明发祥地之一,请你立足你所学的古罗马相关知识,结合课内外知识,选择一个角度,说明"为什么古罗马是欧洲重要的文明发祥地之一"。

  设计意图：作为一个具有相对高度和难度的问题,重在激发学生自主探索,增广知识,做开放式回答。罗马法对世界发展有着多方面的积极贡献,有非常多的研究视角,激发学生的学习兴趣与学习动力,培养学生积极探索与研究的思路方法,为学生的生涯发展注入扎实的自信与思路方法,在不断增强的内生涯与发展的外生涯相结合中,发挥个人潜能,实现积极的人生价值。

四、反思与建议

  本课通过贯穿问题的引领型课堂,通过大中小系统性的问题设置,鼓励学生边思考边学习边总结,培养学生的阅读与思考能力,这是一个非常重要的读书与学习方法。积极实践"学生主体——教师主导"的课堂模式,在进行基本历史知识教学的基础上,培养学生的民主平等意识、法律规范意识与论述表达能力,完成基本的教学目标,培养学生生涯发展中的规划意识、法律素养、民主素养、团队协作与沟通表达能力。在不断提升完善的个人素养与社会发展的互动中,具备积极优秀的素养能力,拥有更加主动的生涯选择,实现充实有意义的人生价值。

不足之处在于本课设置的问题略有难度,需要学生具有一定的知识基础与法律观念,也需要学生做一定的知识性与理念性预习。应当在日后的讲课与学习中提前做好安排,在平日的课堂着力提升学生相关素养,逐步培养能力,在历史课堂中实现具体生动的"生涯教育"。

穿越 Vincent Van Gogh 的"生涯教育"渗透

尹 静

本案例选取的是牛津教材高二下学期 Vincent Van Gogh 阅读拓展课，教学对象为美术生，学生通过两人一组围绕"*Sunflowers，Starry Night，The Potato Eaters*"做的 Pair work，在拓展阅读面的同时，提升了审美能力，增加了对绘画行业现状和趋势的了解，促进了未来美术学习的方向性。

一、案例背景

随着课程改革的进一步深入，提升所有学生的学科核心素养，高中教学更要遵循教育规律，牢固树立以学生发展为本的育人理念，深化实施学生生涯规划指导与教育，帮助学生认识自我、学会选择。尊重学生的自主选择权，保护和发展学生的兴趣特长，适当进行生涯导航教育，完善教育体制，为学生的综合发展提供良好的平台。

我校是以艺术和体育为特色的学校，很多同学在高三会选择通过选择美术相关专业来报考大学，有些甚至从高一的时候就明确了自己往艺术方向发展的目标。同时，结合以往美术专业同学的毕业情况来看，根据自己的自身兴趣，结合自身的特长，选择恰当的专业，职业前景将更明确，人生目标更清晰。因此，笔者想利用 Vincent Van Gogh 阅读拓展课作为案例，围绕着艺术鉴赏和人物生平理解展开教学，渗透艺术生涯导航教育，既能培养学生的语言学习能力，又能结合自身特点和兴趣，为自己的生涯规划奠定基础。

二、案例说明

（一）学情分析

我们班总体情况是中等及中等偏下的同学偏多，尖子生不多。同时，对自己的规划并不明确的学生占大多数,很多同学处于盲目学习、无目标性、无学习动力的状态。因此,我将本课教材融合生涯导航教育,通过优化课堂教学设计加强其语言表达水平、运用能力,培养他们的兴趣,对于绘画相关的职业有所了解。除了美术专业与绘画有关,其他专业如会展设计、创意设计、游戏情境设计等领域都和艺术鉴赏有着紧密的关系,因此,这一节课能够促进其生涯规划。

(二) 教学材料分析

教学材料以牛津教材高二下学期一篇 *Vincent Van Gogh* 为蓝本,其讲述了梵高在不同年代的经历以及作者对于其绘画作品的简单描述和评价。该教材涉及艺术家梵高的生活和作品,层次结构清晰,对于学生掌握基本信息的难度不大,但要深层次地了解梵高,了解其作品和心理状态,以及理解绘画和人生都需要进一步的探讨。但这恰巧对于学生了解艺术家的成长过程和怎样用艺术的眼光去鉴赏作品,培养学生的审美能力、鉴赏能力以及对自身的艺术发展有更为深度的思考。

(三) 教学目标设定

本节课除了基本的阅读目标外,我让学生能了解梵高生平的同时,尽量引导学生理解梵高的绘画风格与特点,能用英语进行表述,并最终可以实现对梵高的画作进行评论的目的。通过评论梵高的画作和他的生平,学生可以通过小组讨论,对绘画的鉴赏与艺术相关的职业发表自己的观点。

(四) 课例描述

笔者让学生根据 PPT 上呈现的其作品 "*Sunflowers*,*Starry Night*,*The Potato Eaters*" 做 Pair work,两人一组,进行生生互动活动,形式不限。大多数学生采用一问一答的形式,他们的问题有基本信息题,如:(1) What did van Gogh paint?(2) How many paintings and drawings did van Gogh produce?(3) Will you please name some of his famous paintings?(4) What styles did he use to paint? 也有深层次的思考题,如:(5) How could he produce so many works?

(6) Why could he produce *The Potato Eaters*? 将绘画和人物的情感相联系,将色调的运用和人物的情绪和背景知识相联系,在欣赏作品的同时,理解画家梵高在当时所处的心理状态和情绪表达。例如:The writer suggests that Van Gogh would be _____ to learn that his paintings are now locked in the bank buildings. The writer suggests that Van Gogh's reputation _____ . In the writer's opinion, Vincent Van Gogh _____ from the picture 等。

我采用多种媒体相结合的方式,增加教学的直观性,通过一首 *Stary Stary Night*(该曲描述了梵高的《星空》之作),配合直观的画作,到具体的语言表述和理解,达到真正意义的理解和鉴赏效果。通过鉴赏,从而过渡到梵高创作的背景和困境,以及人物性格和画风的关系,促进学生对于人生,对于绘画的反思,对于与绘画相关的职业规划的思考。

最后,以"Role-play"的形式,分别扮演志愿者的角色对梵高做出评价,演绎对梵高的理解和概述。Supposing you are a volunteer in the Vincent Van Gogh Exhibition, give visitors a simple introduction of him and his paintings. 在此阶段,学生能够体验与艺术有关的职业,并以此为平台,结合本节课所学的内容,讲述给其他学生听,将生涯和教学相结合。

同时,作为作业,让学生讨论:What do you think of the painting? What do you think of Vincent Van Gogh? 学生能够将绘画和梵高结合在一起,讲出自己的看法,能够对梵高的职业提出自己的看法,可以互相讨论,搜寻资料,进一步了解画家的不易和经历。

三、反思和建议

本节课层次清晰,从回顾梵高的生平到梵高绘画的鉴赏再到梵高人格和心理状态相结合,从而激发学生对于自己的人生展开思考。笔者运用多媒体、概念图、小组讨论、自由表达等形式,给学生搭建了"脚手架",帮助学生以新的思维方式进行信息的收集、组织与处理。同时,本节课成功的地方在于巧妙地将生涯教育和课堂教学结合起来,本节课的主题恰巧与我校的特色相结合,能够为学生提供一个艺术鉴赏的平台,为他们将来的成才路提供了一条途径和思考。

同时，本节课对于学生难度较大，可能还有一些同学跟不上。因此，平时的训练很重要，在平时的教学上时不时要将生涯导航教育和教学相结合，尽可能地让学生表达自己的观点，挖掘自己的潜能，提高语言能力的同时，对于自己的人生也有较为深度的理解和规划。

"苹果出口之路"对生涯规划的启示

吴佳琪

本案例选取的是高中地理第二册第七篇《产业区位与分布》,以"我国的苹果出口之路"这一相对集中的材料贯穿教学过程,从中整理归纳出产业结构调整的变化趋势,通过"浸润式'生涯教育'",学生在增加了对产业结构和未来劳动力就业主要方向认知的同时,促使其对自我规划进行重新审视。

一、背景说明

《上海市中长期教育改革和发展规划纲要》将"为了每一个学生的终身发展"作为教育改革和发展的核心理念,职业生涯是个体人生历程的主体,职业生涯发展是终身发展的核心。学生职业(生涯)发展教育是以职业生涯规划为主线的有目的、有计划、有组织的综合性教育活动,是学生提高自我职业生涯规划的意识与技能、顺利实现从学校生活向社会、职业生活过渡的基本途径,也是学校素质教育的重要组成部分。高中教育阶段是学生生涯发展的抉择阶段。这个阶段学生职业(生涯)发展教育的基本目标是引导学生通过兴趣爱好和个性特点、能力素质、职业愿望,以及社会职业的分类和特点等因素的自我综合分析,选择适合自身发展的职业定向,为未来的职业生涯发展确定更明确的目标。

本节课向学生展示了产业结构受多种因素影响而导致的升级和优化,让学生对于当今时代不断发生巨变的产业结构有所了解。在本节课了解外生涯的同时,通过对于内生涯的自我探索,基于我校"开启生涯导航教育,为学生 HAPPY 人生奠基"的办学目标,使学生对于自身未来的职业发展有所思考。

高中地理第二册课本主要内容为人文地理,其中第七篇《产业区位与分布》详细展示了三大产业的区位条件及产业结构的升级和优化等知识。可以结合本校生涯规划理念,在授课时渗透生涯教育元素,促进每一个学生的职业生涯发展,提升学生整体素质和能力,帮助学生增强自我认识、自我选择和自我规划的意识。

二、案例说明

(一) 学情分析

学生在电视、报刊、网络等媒体中,已经接触到"产业结构"等相关词汇,在政治学科的学习中也有所了解,因而学生对本课内容有一定的认知基础。此外,学生经过近一个学年的高中学习,已经具有了初步的抽象性和科学性思维,可以在感性认知的基础上进行理性的分析和思考。同时,由于学生对社会经济知识的了解不多,以及本课内容的地理专业性较强,学生在理解产业结构升级和优化的含义及其对地域经济发展的影响上会遇到困难,所以在教学时从基本的入手,从基本概念出发,由易到难,逐步认识这些含义。这也是本节课的重点和难点。最终引导学生学会从区域的角度认识产业结构,理解社会生产活动,建立起区域整体和谐发展的地理思想;同时也对产业结构的升级和优化的趋势有所了解,引发对于自身未来职业发展方向的觉醒和思考。

(二) 教学材料分析

"产业结构的升级和优化"是专题24《第三产业与经济发展》最后一个内容,是对以前内容的概括和提升。主要内容是产业结构、产业结构升级、产业结构优化的含义。《课标》和《地理学科教学基本要求》对本课教学内容的要求主要有三点,一是识记产业结构的含义;二是通过阅读产业结构图说出产业结构的特点;三是通过阅读有关图表资料说明一个地区三大产业比重的变化情况和对区域经济发展的影响。

(三) 教学目标制定

通过学习,了解我国产业结构调整的具体内容,以及随着产业结构的变化引起的劳动力就业结构的变化。学会在情景材料、图表数据中获取信息、获得新知识的思考方法和技能。通过自主学习与探究学习,提高学生的分析能力和判断能力,了解未来劳动力就业的主要方向。正确认识产业结构调整对劳动就业的深刻影响,看清现阶段的劳动力就业方向。了解职业生涯规划的必要性以及对自己未来发展有帮助。

其中,教学重点是我国产业结构调整的具体内容,以及随着产业结构的变化引起的劳动力就业结构的变化,而教学难点则为产业结构调整对劳动就业的影响。

(四)课例描述

【导入新课】

师:同学们知道世界公认的十大健康水果是哪些吗?

生:苹果、梨、草莓,等等。

师:苹果排名第一。现代医学资料研究表明,苹果的营养成分十分丰富,含有蛋白质、脂肪、碳水化合物、维生素 C、维生素 B_1、B_2 等营养成分。中医也认为,苹果对治疗低血糖症和高血糖症有疗效。因此,世界市场对于苹果的需求非常大。

【多媒体展示】我国的苹果出口之路(1)

我国是苹果生产大国,产量居世界第一位,特别是中国烟台的苹果非常有名,但我国往年的苹果年出口量仅占总量的1%左右。出口量小的主要原因是质量差,大小不均,含糖量低,虫果率高,采后保质能力差,果实农药残留超标等。而且我国水果加工量仅占总产量的7.5%,水果的储藏能力也较低,不足总量的15%,烂果率高达25%以上,再加上高档果率不足5%,这必然造成普遍的卖果难,苹果出口量非常小。再来看远道而来的"洋水果",个头大,外形美观,包装精美,价格也普遍比较高,如日本的红富士。日本的苹果加工量更是占到了总产量的23%,远远高于我国。

师:我国以往的苹果产量很高,出口量却很少,造成这种状况的原因有哪些呢?

生:品种少、产品差、加工量较少等。

师:但是现在我们的苹果出口状况已经发生了变化。

【多媒体展示】苹果出口之路(2)

我国现在的苹果种类繁多,有富士、乔纳金、王林、北斗、新红星等,这些种类的苹果不仅产量丰富,而且个头大,外形美观,口感佳,抗病虫害能力强。目前对于苹果这种水果的加工量也增大了,除了新苹果以外,我们还把苹果进行了各种方式的加工,最多见的是做成冷冻苹果,直接压榨成新鲜苹果汁或制成浓缩苹果汁,制成袋装的苹果薄片或脆片,或者苹果罐头、苹果果冻软罐头、脱水的苹果产品,甚至加工成苹果酒。

师:现在我们的苹果出口发生了这样巨大的变化,大家来说说为什么?

生:各种优质的苹果种类出现了,改变了原来苹果口感差、外形不佳、抗病虫害能力差的质量问题;各种各样由苹果加工成的制品多了,如苹果汁、苹果罐头、苹果酒、苹果片等。

师:原来我们的苹果产量丰富,可是质量不好,而且品种单一。后来我们采取各种现代化科学培育的方式,如嫁接、选取国外优秀品种回国培育等方式,培育出了一批品种优良的苹果新品种。

苹果的种植技术也发生了改革,推广"大改型、强拉枝、巧施肥、无公害"四大苹果种植技术,使苹果产量连年增加。

我国是个农业大国,但是大部分地区进行的还是传统农业,我国已加入WTO,苹果等农产品的供给也出现了相对过剩的情况,农业产业结构调整已成为一个非常重要的问题。农业发展正面临着从传统农业向现代农业的重大转折。为了走发展高产、优质、高效农业的道路,最终完成我国由传统农业向现代农业过渡,我们要:

1. 巩固和加强第一产业,提高农业现代化水平(板书)

举例:现代农业园区的建立,提高了农业现代化水平,对我们生活产生重要影响。如:一年四季蔬果飘香,水培养殖减少污染、新型播种技术减少人力提高产量等。

师:苹果从最初大都只经过初加工销售出口到现在被深加工成各种各样的产品出口,这与哪个行业的发展是密不可分的?

生:工业的发展。

【多媒体展示】图片展示

比较不同时期的苹果加工设备,从原来传统简单的初级加工设备,到现在一整套苹果加工现代化设备。

师：苹果加工的变化说明了什么？

（归纳）整套现代化的苹果汁加工设备，在加工过程中全程电脑监控，如温度、压力的精确控制。工业信息化推进了苹果加工工业的发展。

工业要加快信息化步伐，以信息化带动工业化，以工业化促进信息化，走新型工业化道路。用高新技术改造传统工业，用先进技术装备替代原来设备；通过信息化建设，分析市场需要，优先发展对经济增长有突破性重大带动作用的新兴产业。人们首先了解了苹果汁这种产品有广阔的市场前景，苹果酒在东南亚市场很受欢迎等信息，然后推进了苹果酒加工业的发展。

2. 调整和提高第二产业，提高工业现代化水平，用高新科技改造和优化传统工业内部结构（板书）

【思考探究】假设你掌管着一家果品生产企业，通过互联网获得信息——国外市场对苹果汁的需求很大，于是你积极邀请某国外苹果汁销售商来厂参观，并希望与其企业合作，开发国外市场。参观后国外销售商对此计划非常感兴趣，你们签订了一份长期供货合同，每月你方完成外方30万箱苹果汁的订单。这项苹果汁合作项目将涉及哪些行业？

生：信息、咨询、金融、会计、法律服务、物流等。

师：第三产业的繁荣和发展对于国民经济整体的发展具有非常重要的作用。

3. 积极发展以现代服务业为重点的第三产业（板书）

【师生小结】从苹果的例子指出我国目前产业结构调整的政策。

阅读教材"长江三角洲地区产业结构进一步优化"及经济观察材料，完成"经济观察"栏目的思考题。

总结：坚持"三、二、一"产业发展方针，按照逐步形成服务经济为主的产业结构的总体要求，优先发展现代服务业和先进制造业，把提高自主创新能力作为产业结构优化升级的中心环节，以信息化为基础提升产业能级，促进二、三产业融合发展，提高产业国际竞争力。

介绍"配第一克拉克定律"。随着经济的发展，即随着人均收入水平的提高，劳动力首先由第一产业向第二产业移动，当人均收入进一步提高时，劳动力便向第三产业移动。劳动力在产业间的分布状况，第一产业将减少，第二、第三产业将增加,这种趋势被称为"配第—克拉克定律"。

分析:造成这种现象的原因可以从供给和需求两方面的制约因素来分析:从供给的角度,农业生产由于受土地和气候的自然资源的限制,其劳动生产力的提高无法与工业相比,工业部门资金利润率的提高会促使劳动和资本从生产率低的行业向生产率高的行业转移,以此来推动经济的增长。

从需求的角度来看,当社会生产率较低时,人们的收入还大多用于对食品等农产品的需求,随生产率的提高需求层次会上升到一个新的高度,以工业品及娱乐服务消费为主。这就造成经济进一步发展时,产业必然朝工业和第三产业方向发展。现代服务业的迅速崛起,已成为吸纳就业人口的主导力量。

【总结】社会的产业结构和劳动力的就业结构是密切联系的。随着现代产业的发展和产业结构的优化升级,劳动力的就业结构必然发生相应的变化。

【联系生活】安亭地区产业结构的深刻变化

学生介绍

师:安亭地区产业结构的深刻变化,对劳动者的就业会产生怎样的影响?

生:随着汽车工业的发展以及城市未来发展的定位,安亭将从原来的工业型城镇走向多功能城镇,形成以现代农业、支柱产业、高新技术产业为主体的现代产业体系。服务业的比重将逐年上升,服务行业的人数也将逐年上升。汽车城的建设,也为安亭的第三产业发展带来了机遇。

【课堂小结】

我国根据现代产业发展趋势和现阶段基本国情制定了相关产业政策,为了确保国民经济持续、快速、协调、健康发展,目前正积极推进产业结构的调整,实现产业结构优化升级。而社会的产业结构和劳动力的就业结构是密切联系的,随着产业结构的不断优化,逐步调整劳动力的就业结构。

【回家作业】

随着产业结构不断的优化、调整,同学们作为未来的劳动者对将来的择业就业需要做好哪些思想上的准备?请同学们根据未来产业结构的变化及自身性格、爱好分析自己可能从事的职业及未来的职业规划,上交一份《职业规划书》。

三、反思与建议

本节课以"我国的苹果出口之路"这一相对集中的材料贯穿教学过程,从中整理归纳出产业结构调整的变化趋势,易于学生理解。引入数据图表,既比较直观,也强化了学生识图、比较、分析能力,达成了地理学科素养中综合思维能力的培养。对于产业结构优化带来的对劳动者的就业影响,用我们身边的一个实例"安亭镇的变化"来以点带面的说明,贴近学生的生活视野,学生也比较有兴趣。也有利于学生了解未来劳动力就业的主要方向,理解在产业结构不断升级和优化的当今社会,职业生涯规划对自己未来发展的重要性以及必要性。

产业结构的升级和优化与学生生涯指导联系紧密,在未来的教学过程中,可以适当增加学生自主探讨的环节,大大提高学生兴趣和参与度,以帮助学生在讨论过程中深层次地探索自己的兴趣、性格、能力和价值观,使其产生内生涯的觉醒和感悟,更完美地展示出本节课生涯指导的意义。

在职业任务中感悟语言的语用价值
——记牛津英语 S3 U4 的一堂阅读课

吉栋磊

本案例选取杂志中关于筹备一个现代婚礼需要注意的六个方面作为教学内容，通过在具体的情境中感悟语言的运用价值，让学生体验撰写新人誓词、设计婚庆公司广告词、制定报价单、完成精算师任务等不同工作所需要的不同知识和技能。这种"浸润式'生涯教育'"，让学生在提升学力的同时，增加了责任、沟通力、合作力，对学生提前感受社会需求，明确职业方向有指导意义。

一、案例背景

在高中教育阶段强调学生的生涯规划，旨在帮助学生了解自我，激发学习兴趣，明确发展方向。而作为交流工具的英语学科承载了传递信息的重要功能。而这信息不仅体现在文字的表述含义，也体现在文字的语用背景。因此，本节课中，我将设计阅读材料、情景模拟（职业任务）和文章用词（语用价值）。

本案例选取高三牛津教材"婚礼"单元，文本这篇摘自一份广告杂志，主要讲了筹备一个现代婚礼需要注意的六个方面：wedding，clothes，flowers，stationery，transport，food 和 photograph。同时，这则广告分别对应六个主题。

1. 文本特征

标题 Planning for the perfect wedding 点出了文章主题，标题下方的引言介绍了文章的出处，同时在这部分中出现的 modern 一词又对文章主题做了更为清晰的界定。在文本四周（边框周围）插入了六则色彩各异的小广告，分别对应文本中所讲到的筹备婚礼的六个方面。

2. 文本特点

（1）从本文的语言来看，课文中有很多和婚礼主题相关的词汇，如：registry

office, outfit, gown, bouquet, florist, fragrant 等。

（2）从文本的结构来看，各段主题清晰明确，学生通过快速阅读每个自然段的首句就能掌握各段的主旨。

（3）从本文的内容来看，主要阐述了筹备婚礼的六个方面。在表示婚礼稳重的同时还涉及了中西方婚礼的差异，如：西式婚礼以白色礼服为主，中式婚礼以红色旗袍为主。同时，文章最后还讲到了有别于传统形式的"新颖"婚礼，如：在公园或船上，在游泳池里拍照等。

3. 阅读策略运用

运用 skimming 技巧，即标题、引言、首句法等，掌握课文脉络和主旨；

运用 scanning 技巧，即大写、关键词、标点、图片等，了解婚礼的细节内容；

通过上下文猜测生词，通过语境和真实任务学习单词。

4. 教学重点难点

（1）引导学生掌握每一段的段落大意，并与课本中所附小广告形成联系。

（2）熟练、综合运用阅读技能（skimming、scanning、guessing），更好地理解文章。

（3）基于文本，输出对以婚礼为主题的相关表达。

（4）培养对婚礼的正确态度，认识到英语表达中的语用价值，更辩证地理解 Perfect Wedding 的含义。

二、教学课例

1. 教材复习

这一环节是本节课的导入，学生需要根据提示，概括每一段的段落大意（其实每一段就是以婚礼为主题的每一个职业的具体任务）。设计的主要目的有两个：一方面是帮助学生梳理文章脉络，回忆阅读第一课时的教学内容；同时，也引导学生通过文中的导语、图片等内容，结合作者的身份和写作目的，品味课文中的用词，从而为本堂课之后的各项教学活动和任务做（对比）铺垫。

2. 分组

本篇文章的主题是：婚礼的筹备，课文中涉及了婚服、婚车、摄影、酒店、花、

第三章 释题——回应现实的善导

礼品等服务。这是一个学生参与模拟的良机。不仅可以引导学生初涉各行各业的特点,而且也是在真实任务中锻炼学生的语言表达能力。

根据学生的兴趣爱好和想要了解某一行业的意愿,我规定他们组成6个小组,还专门设立了2名精算师和一对新人的角色。学生们按要求分小组,有的多则6—8人,而有的只有2人。这恰恰反映出学生自发进行职业探索的意愿。相信,这也能够帮助学生在学习语言过程中克服困难并树立信心,成为教学活动得以正常开展,教学目标得以达成保障。因此,我没有调整人数,我给每个小组布置了两个任务——设计广告词和制定婚礼报价单。

3. 任务1:新人誓词

在这个环节中,我设计了西式婚礼仪式中新人经典的念白。被选中的两名学生有2分钟的准备时间,在婚礼进行曲的伴奏下,走上红地毯并且庄重地念出对白。而其他学生则认真聆听(男女两角,实际是听了2遍)。

(新郎名)/(新娘名)你愿意在这个神圣的婚礼中接受(新娘名)/(新郎名)作为你合法的(妻子)/(丈夫),一起生活在上帝的指引下吗?你愿意从今以后爱着(她)/(他)、尊敬(她)/(他)、安慰(她)/(他)、关爱(她)/(他)并且在你们的有生之年忠诚对待(她)/(他)吗?

(Groom's Name)/(Bride's Name), do you take (Bride's Name)/(Groom's Name) for your lawful wedded (wife)/(husband), to live together in the holy estate of matrimony after God's ordinance? Will you love, honor, comfort and cherish (her)/(him) from this day forward, keeping only unto (her)/(him) for as long as you both shall live?

我(新郎名)/(新娘名)接受你(新娘名)/(新郎名)成为我的合法(妻子)/(丈夫),从今以后永远拥有你,无论环境是好是坏,是富贵是贫贱,是健康是疾病,我都会爱你、尊敬你并且珍惜你,直到死亡将我们分开。

I (Groom's Name)/(Bride's Name) take thee (Bride's Name)/(Groom's Name) to be my wedded (wife)/(husband), to have and to hold from this day forward, for better or worse, for richer or poorer, in sickness and in health, to love, honor and cherish till death do us part.

之后，我对其中的一些词进行了点评和拓展。比如：matrimony, ordinance, shall live, thee, honor, comfort, cherish, do us part 等。过程中，学生不仅能更容易记住这些单词，而且也从表述的句式和单词的选用上真实感触到了婚礼的神圣感。

课后，有学生询问道：为什么在很多正式的场合下，会出现很多法语单词（课本中也会出现 limousine, bouquet, chauffeur）？还有学生感触到：原来婚礼不仅仅是浪漫，还有一种契约和责任。

4. 任务2：广告词

婚礼表演之后，我鼓励每一个婚礼公司小组简要介绍自己的业务和所取的口号。于是，我设计了"电视广告环节"，要求同学们用1分钟的时间做广告，体现自己的业务和口号，从而吸引"精算师"和"2位新人"（他们需要相关信息，做听写任务）。

学生们讨论热烈，有的模仿课文中的句子，有的使用了电视广告中的模式和设计，还有的自己创设了情景，通过"Do you want to have a unforgettable ceremony?""Why not give yourself a fantasy""Trust makes success""Win a lifelong memory"等广告词和情景表演（1个小组）在1分钟内将主题表述清楚。

之后，我让学生记录并关注广告词中的词汇选择和使用原则。他们总结出：1. 大多是口语中的词；2. 大多是祈使句、设问或建议类的问句；3. 几乎都有一句高度概括、精心设计甚至双关的总结句。

5. 任务3：宣传单

在广告环节后，每个小组都要求制定一份报价单。在这个任务之前，我对学生们进行相关指导，包括：报价的合理性、设置套餐、推销促销、创意、吸人眼球等内容。学生们经过讨论，负责花车的学生想出了豪车和司机的绑定服务、花店提出了买花送赠送VIP会员卡并承诺结婚纪念日的小惊喜、摄影团队设计了拍摄加免费布置的套餐、饭店想出了饭菜酒水与试住总统套房的服务、服装店通过配送花童和职业演员促销服务、文具店则宣称订购文具到一定金额赠送度蜜月旅行……

在任务2和3中，学生们进一步理解了自己从事业务的特点，而且也尝试了广告设计、报价的任务,还在真实的任务中,阅读英语材料,进行口语表述。此外,他们也开始关注语言表达的准确性和语用价值。

6. 精算师的岗位

为了保证整个活动完整性,为了提升学生做听力的乐趣,也为增加学生体验的岗位,我还跳出课文的框定,设计了精算师的任务,要求学生根据每项婚礼的业务报价,以满足新人需求为前提,测算出在有效、实惠的组合。

活动中新人们有的"追求实惠",有的"崇尚体面",有的"提倡创意",有的"号召环保",有的"偏好传统"等。

在最后的任务中,学生们所支持的婚礼模式本身也反映了他们的"价值观",可供进一步思考和探索。而在模拟体验中,有的同学善于选择最优组合,有的则在英语听写环节中有所欠缺阻碍了活动的进行。

三、反思建议

同一婚礼主题下,课本中对婚礼筹备的介绍、婚礼誓词、广告词、报价单、精算师的建议书在用词上,有着较为明显的不同。学生们不仅在这堂课中初步体验与婚礼有关的业务,也在真实的语境中,体会单词的语用价值。

另外,学生们对于婚姻、婚礼、婚宴价值观也在这堂课中不断生成、互相交融,这也是值得老师在今后的课堂任务中做进一步引导和教育的。

历史教学视野下的"生涯教育"
——以《商朝与青铜文化》与考古研究为例

杨 浩

本案例选取的是《商朝与青铜文化》,通过对于文献的解读与对于实物史料的文字记述,让学生体会"二重证据法"的实现过程,这种"浸润式'生涯教育'"让学生在提升历史基本素养的同时,将教学扩展到学生人文底蕴与科学精神的层面,提升了学生对考古学、语言学等行业的职业素养需求的认知。

一、背景说明

2018年上海市教委相关文件提出,"生涯教育"要依据三大原则,即科学性原则、发展性原则和一体化原则。这三项原则与历史教学的基本素养相联系,而本课与其相关的、融入最深的便是唯物史观的培养,又以培养学生的人文底蕴与科学精神为宗旨。

对于我校而言,"拥抱每一个学生的成长"是重要的办学宗旨,"开启生涯导航教育"是我校的办学目标,开展对于历史教学视野下的"生涯教育"势在必行。

《商朝与青铜文化》一课在本学期有其特殊性。首先,遗迹的发掘和对于文字的考察证明了商朝的存在,将中国有据可查的历史向前延伸,在这过程中,语言学、考古学和历史学知识都发挥了很大的作用;其次,对于商朝历史的论证方法——"二重证据法"也恰恰可以证明唯物史观与科学的严谨性,而这也是历史基本素养所决定的。从生涯角度,正可以以此为抓手,与历史基本素养相结合,扩展到学生人文底蕴与科学精神的层面,向学生适当介绍行业的基本需求与对于职业素养的需求。

我校的学生有一项特征在于活动性较强,而有时对于一些理论层面的事物缺少兴趣,而在就业选择时往往会优先选择活动性强的职业类型,应对这一情况,本课也进行了一些倾向性的教学环节。

二、案例说明

本课的教学目标在于通过对于文献的解读与对于实物史料的文字记述,通过让学生体会"二重证据法"的实现过程,让学生对于实证史学拥有理解,初步了解从文献资料中获取历史信息的方法,知道商朝是中国历史上第一个有直接文字记载的王朝,是"信史"的开始;知道商的兴起和灭亡、内外服制度、青铜制造业、甲骨文。理解青铜文化以及从中可以透视出的商朝的社会信息;理解商朝在多元的中国古代社会中的重要地位。感受先民的智慧,增强民族自豪感和认同感,感受先贤们治史的精神,而在生涯方面则是由实证史学与唯物史观延伸出来的人文底蕴与科学精神,再由尝试与实践过程强化社会参与。

而本课中,我使用的材料出于《史记·殷本纪》与《尚书》中的相关记载,如"帝太甲修德,诸侯咸归殷,百姓以宁……帝小甲崩,弟雍己立,是为帝雍己,殷道衰,诸侯或不至……帝太戊……殷复兴,诸侯归之……帝盘庚之时……行汤之政,然后百姓由宁,殷道复兴。诸侯来朝……"(出自《史记·殷本纪》),以此表述书本上"诸侯来朝是商朝兴衰的晴雨表"这一知识点,而对于二重证据法,则是依据《史记·殷本纪》的商代帝王世系与考古学和语言学研究甲骨卜辞的成果之间相互对照来印证,这一类是传统的文字材料;另一方面则是运用了甲骨文史料图片与大量的出土物对于课文内容作证明,如:

| 兽面纹爵 |  青铜带流觚 |  青铜觥 |  父己祖辛尊 |

以此为例,对于考古出土物和史书记载的关系再做探究。

在这一教学过程中针对学情特点,我还加入了一部分对于甲骨卜辞解析的内容,如:

癸卯卜,今日雨。其自西来雨?其自东来雨?其自北来雨?其自南来雨?

丙子卜,其登黍于宗。(《合集》30306)

月一正,曰食麦。(《合集》24440)

己巳卜,贞我弗[其]受稷(jì)年。(《合集》9946 正甲)

庚申卜,贞我受粟年,三月。《前 3303》

贞,弗受稻年,二月。《后上 31·11》

丁未卜,大兄受禾。《佚 653》

用诸如此类较容易的甲骨文翻译材料,引导学生进行翻译工作,以此来让学生产生一种考古学和语言学的职业体验;同时又以这样的证明过程来体现历史教学基本要求中需要的实证史学的思想,从而强化学生的社会参与思想。

在本课以这样的方式进行后,学生反应较好,对于环节 2 中的材料对照讲授内外服制时,意识到了单一材料无法对于历史事实进行证明,而需要多方的印证。对于环节 3 和 4 中,针对"二重证据法"的案例分析,同样给予了学生思考和消化知识,并且在对于几个例子的分析中得到了历史研究过程中的一些职业体验、研究的方法、研究的角度等,也体现出历史教学基本素养中的实证史学思想和唯物史观。而对于环节 5,即直接运用一手史料进行辨析、进行概述,并依照考古工作者和语言工作者的工作内容进行活动设计,归纳出农业在商代人心中的重要性,这一环节尤其得到了学生极高的参与度,这一点证明了先前的学情分析基本上比较正确。

但与此同时也有一些失败的地方。例如,作为一门理论学科,课程的活动性和实践性增强,可能在相关知识点的记忆强化就会减弱,或者强化了对于职业体验的记忆。其次,在这种情况下对于历史教师的控班能力就产生了较高的要求,这一点和理科类的实验操作教学是很相似的,虽然在讨论中常常会出现思维碰撞的火花,但是也会出现乱序的情况。

三、反思与建议

由这一课来看,我认为对于历史教学而言,生涯教学的融入是一个极好的机会,以往历史带给学生的印象大致分为两种:一是死板的背书,二是有趣的故事。两者都有着自身的优势与弱势,但生涯教学的融入可以很好地开辟出第三条路,将考古工作者、历史研究工作者和语言学工作者的职业体验融入历史教学的过程中去,学生一般不会问这样的问题,即学历史有什么用,而是真正地把"用"放在整个课堂中,就像在本课过程中,对于青铜器及其用途的辨析这一部分在实际过程中效果更好,引发学生的讨论,强化了对于博物学和档案学的生涯理解。但另一方面,甲骨卜辞方面就显得过难,没有关注到学生的文言文水平,效果较弱。

关于这一问题,我也提出一些建议:在整个融入的过程中,第一,要抓住"点",历史教学基本素养与学生基本素养与生涯教学的要求之间的、共同的或是可以发散到的"点",例如本课中的唯物史观、人文底蕴与科学精神;第二,要抓住"度",生涯教学的融入也需要机会,对于课程也有合适不合适,如果只是一味地融入进去,易画虎不成反类犬,容易出现不适的问题,甚至达不到基本的学习效果;第三,要抓住"面",只有适当的学情、生情,配合上适当的生涯教学,才可以达到更好的成果三者缺一不可,若是一点没有把握住,那就难以免去流于形式的状态。

当"生涯教育"邂逅"环境监测员"

蔡秋丽

本案例选取的是《5.1.3 全球性的环境问题——酸雨》一文,通过展示作为一个环境监测员在实际工作中如何解决环境问题的过程,旨在认识化学与人类生活的密切联系,体验学科价值。增强社会责任感、参与意识和决策能力。

一、背景介绍

党的十九大明确提出:"要全面贯彻党的教育方针,落实立德树人根本任务,发展素质教育,推进教育公平,培养德智体美全面发展的社会主义建设者和接班人。"可见,我国教育对人的生涯发展越来越重视,也越来越有意识地在规划。

所谓生涯规划指导,是协助个人了解自我、接受自我、发展自我以达到个人的生涯发展目标的长期行为。在 2017 年新出版的《普通高中化学课程标准》中也明确提出,化学的教学要"适应学生未来发展的多样化需求"。因此,将"生涯教育"融入化学学科教学内容,有利于学生广泛接触社会信息,参与社会生活,养成关注科学和社会的学习习惯,产生对自然与社会的责任感,成为了解社会和关心社会的人,形成正确的价值观;同时学生在了解职业的过程中巩固拓展了化学知识,有利于学生知识的迁移,在学习化学知识在职业中的应用时,了解了科学方法与过程。

因此,"生涯教育"与学科内容的整合,在满足学生个人和社会发展需要的前提下,促使知识与技能、过程与方法、情感态度与价值观三维目标的共同实现,使学校教育更适合学生的需要,促进了学科教学的健康发展。

化学学科是一门理论联系实践的自然学科,很多知识具有很广泛的应用性,涉及的职业种类也很多。例如医学类、食品、环境、化工生产、材料等。在化学课堂教学中,利用这些相关的内容鼓励学生在学习中形成职业意识,嵌入对人生生涯的规划,积极学习和发展知识技能以为将来发展做好铺垫,使学生能准确定位自己的选科方向,为进一步发展奠定基础。现以《5.1.3 全球性的环境问题——酸雨》第一课时为例,展示作为一个环境监测员在实际工作中如何解决环境问题的过程,同时培养社会责任心,做一个合格的公民。

二、案例主题

(一) 学情分析

本节课是学生在学习了硫、硫化氢的性质后又新接触的硫的化合物,主要内容是 SO_2 的性质和作用。而 SO_2 是形成酸雨的主要原因,是初中自然学科中已经学习过的内容,学生对于酸雨的基本概念和污染治理也有一定了解。因此,在此基础上,深入学习硫酸型酸雨时,利用学生已知的知识,让学生作为一个环境监测员参与酸雨形成研究更能提起学生的兴趣,在初中的基础上更上一层培养科学工作者的专业性和严谨性。

(二) 教学材料分析

二氧化硫性质不但在酸雨形成中有体现,在漂白纸张、硫酸工业等方面都有应用。教学中采用多种教学手段,探究式实验和生活材料相结合,能够更好地让学生学习二氧化硫的性质,使学生形成与自然友好相处、促进可持续发展的正确认识。通过学生职业角色体验展示化学在解决环境问题可能的方向和作用,培养了学生的科学态度和价值观以及社会责任感,参与意识和决策能力。

(三) 教学目标制定

学科教学目标:通过分析二氧化硫中硫的化合价解释 SO_2 形成酸雨的化学原理,推断二氧化硫的氧化性与还原性。围绕硫酸型酸雨形成的原因为主线探究酸雨危害及其防治的原理。

生涯教育目标:认识物质及其变化对环境的影响,依据物质的性质及其变化认识环境污染的成因、主要危害及其防治措施,以酸雨的防治和处理为例,通过环境工作体验,形成对酸雨的了解,体会化学对环境保护的作用。认识化学与人类生活的密切联系,体验学科价值。增强社会责任感,参与意识和决策能力。了解关于污染防治、环境治理的相关国策、法规,强化公众共同参与环境治理的责任。

教学重点和难点:

1. 重点:SO_2的化学性质、酸雨的形成原因、危害及防治。

2. 难点:SO_2的化学性质。

教学用品:

雨水,pH 试纸与标准比色卡,pH 计,溴水,氢硫酸,品红溶液,澄清石灰水。

(四)课例描述

探究活动1:酸雨的成分

[创设情境]展示:全国重点城市空气质量预报、国内外酸雨危害的图片及我国酸雨分布图等。

同学们在初中学习过酸雨的危害,今天我们就作为一个环境监测员,来测定采集的雨水是否是酸雨。如果是,是怎么形成的,如何治理;如果不是,如何继续做好预防措施。

展示:采集的雨水样品。

[提出问题]采集的雨水是不是酸雨?酸雨中的主要成分是什么?

[学生活动]pH 小于 5.6 的雨为酸雨。

用 pH 计测定雨水的 pH 值;

猜测可能成分。

[生涯教育]

利用学生已知知识有意识地进行职业类型介绍,联系生活实际,唤醒学生环保意识。环保工作有很多种,其中环境监测员主要是应用学科知识进行工作,利用这一点先将化学知识得以应用。开拓学生的职业视野,促使有意向投身于化学相关专业的学生逐步形成职业愿望。

探究活动 2:酸雨的形成

[创设情境]

1. 酸雨的模拟

a. 在锥形瓶中加入约 30 mL 蒸馏水;

b. 将火柴用镊子夹住在锥形瓶内点燃,当火柴头燃烧后立即取出火柴,盖住瓶口摇动锥形瓶;

c. 测锥形瓶中水的pH值。

2. 提供信息

某校科技小组同学在某城市采集了雨水样品,每隔一段时间测定pH值,发现随着时间的推移,样品pH值下降。

[提出问题]硫酸型酸雨中硫元素是从哪里来的?模拟实验中燃烧产生的SO_2是怎样转变成酸性物质的?

[学生活动]

1. 工业生产中大量含硫矿物燃料的使用,使空气中SO_2气体较多。

2. 讨论实验过程中硫元素的转化情况,探讨酸雨样品长久放置其pH下降的原因。雨水中含有的H_2SO_3和SO_2不断被空气中的氧气氧化成强酸H_2SO_4。

3. 总结归纳硫酸型酸雨的形成过程。空气中SO_2在烟尘等作用下氧化成SO_3溶于雨水成酸雨。

途径一:$SO_2 + H_2O \rightleftharpoons H_2SO_3$(弱酸) $2H_2SO_3 + O_2 \longrightarrow 2H_2SO_4$

途径二:$2SO_2 + O_2 \rightleftharpoons 2SO_3$ $SO_3 + H_2O \longrightarrow H_2SO_4$

[生涯教育]任何职业都有其最基本的知识要求,化学作为自然学科更是不例外。强调关注学生的已有经验和将要经历的经验,引导学生学习身边的常见物质,将物质性质的学习融入有关的生活现象和社会问题的分析解决活动中,充分认识到化学知识在自然环境、人类活动等综合方面的重要地位,理解各种物质对人类生活的影响时必须明确只有掌握相关化学知识,培养严谨的科学态度,才能更好地让化学服务生活。

探究活动3:SO_2的化学性质

[提出问题]

1. 在酸雨形成过程的探究活动中,我们接触到了哪几个有关SO_2性质的反应?

2. SO_2与水的反应,体现了可溶性酸性氧化物的一般性质,作为酸性氧化物

SO_2还有哪些性质？

[创设情境] 展示 SO_2 在纸张漂白、食品加工领域的使用情况。

3. SO_2 在纸张漂白、食品加工领域中的使用体现了它什么性质？

[学生活动]

1. 从 SO_2 中 S 元素中间价态探讨 SO_2 的氧化性和还原性，推测可能与哪些物质发生反应。

实验：SO_2 与溴水、氢硫酸反应。

从氧化还原的角度得出 SO_2 的氧化性、还原性。

$$SO_2 + 2H_2S \longrightarrow 3S + 2H_2O$$

2. 通过回忆，学生构建——酸性氧化物的联系，并设计实验验证。

实验：SO_2 与澄清石灰水反应。

概括 SO_2 作为酸性氧化物的通性。

$$Ca(OH)_2 + SO_2 \longrightarrow CaSO_3\downarrow + H_2O$$

3. SO_2 在纸张漂白、食品加工领域中的使用体现其漂白性。

实验：SO_2 与品红溶液反应。

概括 SO_2 在食品加工中体现的性质，并对这种做法加以评价。

[生涯教育]

在平时的教学中，充分利用化学学科特点创造条件搭建平台，积极挖掘多元化教学方式，改变以往教给学生"干巴巴"的化学知识或者说"纯粹"的化学知识，将元素化合物知识置于真实的情境中，强调化学在生产、生活和社会可持续发展中的重大作用，在注重化学专业知识传授的同时，更注重学生相关技能意识的培养，并充分发挥实验的教学与育人功能。

探究活动 4：酸雨的防治

[创设情境] 我们需要向政府部门做一份有关酸雨防治的报告，同学们想想作为环境监测员应该从哪些方面更加专业地向政府叙述你的工作。

[提出问题]

1. 利用 SO_2 的哪些性质我们可以防治酸雨？

2. 实际生活中人们通常采取什么措施改良受酸雨污染的土壤?

3. 怎样才能从根本解决酸雨污染问题?

[学生活动]

1. 根据 SO_2 酸性氧化物的性质,与碱反应,脱硫技术发生的反应。

2. 以小组为单位,结合目前采用的预防酸雨的措施,探讨环境保护的设想。从绿色化学的角度对环境提出各种设想。

[生涯教育]

让学生认识到化学物质在造福人类、促进人类物质文明的同时,不当使用也可能引起环境污染等社会问题。只有掌握物质的性质并加以合理应用,方可避免出现某些负面现象,帮助学生树立社会可持续发展的科学发展观。同时,作为一名合格的公民,每个人都有责任让社会更加美好,用自己的知识能力参与到社会活动中。

三、反思与建议

本节课从酸雨入手探究了二氧化硫的性质,先尝试测定雨水以确定是否为酸雨,再探究酸雨形成、SO_2 的性质,最后是酸雨的防治方法,完成一个完整的环保工作者工作报告,实现了知识与社会、生活、健康、环境的联系,并将科学精神融入其中。当然,这节课的工业与生活上二氧化硫的实际应用和处理,能带进课堂的只有添加了二氧化硫的红酒。如果能组织学生参观发电厂(上海发电厂使用的氧化钙固硫)等,更能帮学生认识到所学有所用。

对高中学生进行生涯规划教育能够避免学生升学、就业的盲目性,使他们尽早了解自己的潜在素质,了解自己的职业兴趣,明白自己适合从事什么样的职业,通过什么样的途径来实现自己的职业理想。作为科学课程的高中化学,注重在人类文化背景下建构课程体系,对培育学生科学素养与人文素养均具重要价值。

化学学科的特殊性可以从很多方面激发学生形成生涯意识以及职业意识,利用教材中与职业生涯直接相关的内容,利用化学知识在生活和部分职业中的应用,利用挖掘教材背后名人的生涯之路,分析成功生涯的必备要素等丰富并完善对化学认识,加深对物质世界的认识,掌握科学方法,发展科学探究能力。同时在实践中增强社会责任感,理解化学、技术、社会和环境的相互作用,形成科学物质观、严谨求实的科学态度等,从而逐渐形成化学学科素养,化学职业意识,积极地学习和发展知识技能以胜任发展的需求。所以,在高中化学学科渗透生涯教学的过程中,我觉得更重要的就是培养这种科学态度和精神,这样才能在科学的职业之路上走得更远。

行业与职业：Architect, designer or draftsman?
——高三阅读试卷讲评课的联想

吉栋磊

本案例选取的是高三年级英语习题评讲课阅读技能指点模块，通过描述三篇文章的阅读技巧，旨在讨论如何提升学生的阅读能力。本文还聚焦在同一行业的不同职业比较，让学生了解其概况，感受其差别，并根据自己的兴趣和特点在未来的职业生涯中做出客观选择。通过"浸润式'生涯教育'"，学生在提升阅读技巧的同时，增加了行业认知、行业责任等方面的体验，增强了进入高校和踏入社会的学习素养和必备品格。

一、案例背景

这是一堂习题讲评课，主要针对学生的阅读技能进行指点。通过这份试卷反映出的问题来看，学生在阅读中除了词汇量小而阻碍理解之外，对于选项的理解或任务要求都存在较大的问题。因此，本节课我的教学目标和重点是帮助并指导学生读懂文后的问题和选项来提升阅读得分。我采取的教学方式是通过提问学生、组织学生讨论、引导学生互评的方式，给予每个学生发言的机会，说出自己对题目要求和选项的理解。

英语学科的特点之一——工具性，决定了英语测试中的阅读语段承载了语言测试、文化传递和价值观指引等的功能。

二、案例描述

第一篇是记叙文，讲述了一个世界著名的销售员回忆童年时期与父亲钓鱼时，父亲传授的钓鱼秘诀——如果你想钓到鱼，你必须像鱼一样思考。这句话对他钓鱼产生即刻影响,之后影响推动他研究鱼以及踏上工作岗位以来的影响。教学后,我通过帮助学生梳理故事的发展,点出在商业场中的"知己知彼"的思想,并且鼓励学生举出相关实例。

第二篇是关于太阳风的说明文,主要论述2012年太阳粒子达到最高峰时期对地球生活的影响。我主要是通过词汇、长句分析和语言难点的讲解,帮助学生对题目和选项做出完整的理解。

第三篇是一篇说明文,作者通过举例子、列数字、下定义等说明方法重点介绍了draftsman这一职业的特征、要求和现状。另外,为了帮助读者理解,作者还花了较大篇幅将同样属于建筑行业的draftsman、architect和designer做比较。基于文本的难度和内容,这篇文章值得设计一些活动,对学生进行语言和生涯教育。

第一步,让学生通过语段,找出描述draftsman工作性质、特征、内容的词或短语,从而帮助学生粗略描绘出该职业的概念;

第二步,让学生找出draftsman的培养过程和工作要求;

第三步,让学生结合文本和生活常识,从工作内容、工作背景、工作特点、工作资格等方面比较draftsman、architect和designer。

最后,我点出:同样是一个建筑行业,但是也会有不同的岗位要求,从而帮助学生理解行业与职业的区别。也鼓励学生,根据自己的兴趣与能力,可以选择同一行业中的不同职业。

三、案例总结

在最后一篇文章讲解中,学生通过对draftsman、architect和designer同一行业中三个不同职业岗位的理解,不仅融入生涯元素,同时也对文章进行了梳理,抓住了文章的中心主旨。

另外,学生根据本课的生涯教育,也对选择职业或专业有了更进一步的理解。

第一个层次:行业与职业是不同的概念,自己在做生涯规划的时候,应该注意其中的区别。比如:建筑行业中,也会出现很多不同需求的岗位。

第二个层次：自己对某一行业有着向往或比较感兴趣。除了兴趣之外，也要结合自己的能力客观选择。但是，即便能力不足，也可以通过提升具体的素养，以及选择同一岗位的不同职业，实现自己的理想。

第四章
品题——基于发展的倾情

"生涯教育"是学校办学理念的意志体现,是学校文化的价值呈现,是育人目标的大爱彰显。"生涯教育",说到底是对学生生命的尊重、敬重,是为学生幸福人生的培土、奠基。让学生从现在起,看懂生涯,知晓规划,把握机遇,学会选择;让学生从学校始,从容走向社会,拥抱美好人生!

全频共振：
"生涯教育"愿景对接学生成长

"生涯教育"的意义，在于切入学生生命"要点"，介入学生亟须进行人生规划的"盲点"。"生涯教育"是学生"甄别"人生方向的导航。学生幸遇"生涯教育"，从此告别生涯选择的"荒漠"，踏上"我的人生我做主"的"绿洲"。

诗意的人生　诗意地栖居
——古诗教学生涯元素渗透案例

董莉莉

本案例选取的是高三语文总复习诗歌专题中的"掌握古典诗歌体裁题材知识，把握诗歌常见意象，感受诗歌意境"模块，通过具体情景设计，让学生在创作古典诗歌的过程中体验"浸润式'生涯教育'"，使学生在提升诗歌创作和鉴赏能力的同时，增加日常生活的审美体验，厚植诗意人生的意识。

一、背景分析

生涯规划是指个人与组织相结合，在对一个人的主客观条件进行测定、分析、总结的基础上，对自己的兴趣、爱好、能力、特点进行综合分析与权衡，结合时代特点，根据自己的人生倾向，确定其最佳的职业奋斗目标，并为实现这一目标做出行之有效的安排。近年来，生涯规划已不再是大学生的专属，随着社会的发展，要求人们在更早的时候就能对社会职业有所了解，进而更有针对性地选择大学专业，为进入社会做准备。

语文学科不同于其他学科有较明确的职业匹配，但是社会上各行各业都离不开语文，哪里有人类活动，哪里就有语文存在。因此，语文学科的生涯浸润可以说是无声的，但又是无处不在的。语文课又是美育课，她不仅教人规范的书写和口头表达，更以她有节奏的音韵，有情感的文字和有力量的哲思，让我们学会欣赏生活中的美，并在人生的低谷中保持一种诗意。语文学科包含了多个模块，最能体现其美育作用的当属诗歌。《论语》中曾经提道："不学《诗》①，无以言。"②

---

① 这里的《诗》指的是中国诗歌的源头《诗经》，后代的诗是在《诗经》的基础上发展流变，也都兼具《诗经》具有的功能。
② 杨伯峻《论语译注》，北京：中华书局，2006年版，第201页。

"《诗》可以兴,可以观,可以群,可以怨;迩之事父,远之事君,多识于鸟兽草木之名。"[1]其中,古诗的学习对我们了解中国传统文化,提高文学功底,锻炼交流能力,形成美的素养具有不可替代的作用。

根据华东师范大学出版社2016年《上海市高中语文学科教学基本要求》,"古诗阅读旨在通过阅读古诗中的经典作品,感知古诗的语言特点和文体特征,掌握古诗阅读的基本方法和策略,形成阅读古诗的语感。"因此,生涯规划、语文学科、古诗阅读三者就天然地联系到了一起。在高中前两年的学习中,学生对古诗文表现出了一定的理解能力和鉴赏能力,但到了高三总复习阶段,一些学生对陌生化的古诗理解起来仍有许多障碍,相当一部分同学对古诗的题材和体裁都不能清楚辨析,更不要提走进诗歌的意境进而获得美的教化了。

当时恰逢高三诗歌模块专题复习,针对同学们的学习状况和不尽如人意的教学效果,我脑海中有了一个想法:能否让同学们自己写古诗,在写作的过程中去揣摩古人遣词造句的苦心,表达感情的方法,营造意境的手段,在创作中深化对古诗的理解,将自己对生活和审美的认知用诗歌的语言表达出来,为日后的生活找一种诗意的栖居方式呢?我决定进行尝试。

二、教学说明

(一) 教学目标及重难点

这节课内容教材上并没有要求,根据以前同学们的基础和古典诗歌知识点掌握情况,经过仔细斟酌,我决定把这堂课的教学目标设定为能恰当运用前几节课所学的诗歌体裁和题材知识、诗歌中常见的意象、诗歌的语言特点以及意境等,写一首写景抒情的五言八句诗,在诗中寄托自己的感情,写出自己的个性特点。本节课的重点是复习前几节课所学知识,将其串联起来,难点是怎样运用这些知识形成独具特色的书面文字,并让同学们从互相品味诗歌中获得新的审美体验,学会观察生活中的诗意,能诗意地生活。

---

[1] 杨伯峻《论语译注》,北京:中华书局,2006年版,第208页。

(二) 课例描述

师：同学们，古典诗歌以其丰富的意象、工整的句式、平仄不一的音律美，受到古往今来高人雅士的喜爱，我们也读过很多古典诗歌，大家肯定也都有自己喜爱的诗歌和诗人。但是我们只读过古典诗歌，有没有想过有一天自己也能成为诗人，来写一写古典诗歌呢？

生：（普遍摇头。）

生：古典诗歌那么难的东西，离我们年代那么远，读都读不懂，更别提写了。

生：前几节课的复习中老师也曾说古典诗歌有古体诗和近体诗之分，近体诗还要求平仄、押韵、中间两联对仗，感觉操作起来挺难的。

生：从以前读的诗中发现古诗也是有规律的，如果给我一首诗我可能可以换一词语变成另外一首，但如果让我重新创作一首那就难了。

师：同学们提出了很多问题，这些问题是每一个初学写诗的人都会遇到的，那么有没有一些方法让我们打开写诗的神秘之门呢？

生：就是老师之前讲的套路（学生笑）。

师：你把这些套路来给我们总结一下。

生：好像要求比较多的是律诗，1. 律诗必须是八句话，而绝句是四句话，古体诗不限。2. 偶句最后一个字押韵。3. 中间两联对仗。4. 音节要讲究平仄。5. 注意起承转合，首联起兴，颔联承接首联加以具体、深化，颈联转到写景或叙事，尾联表达感情或主旨。

师：这位同学总结得很好，我把这些要求放在 PPT 上大家再一起回顾一下，老师要现场考一位同学，请你举例说一说什么叫押韵以及什么叫中间两联对仗？

生：押韵就是每一联的最后一个字要是相同的韵母，比如《钱塘湖春行》中每一联的最后一个字："低""泥""蹄""堤"，韵母都是"i"，这就叫押韵。而对仗就比如颔联"几处早莺争暖树，谁家新燕啄春泥"中相同的位置名词对名词，动词对动词，形容词对形容词。

师：说得很好，就像大家在运动会中自己提出的口号一样，"五班吾班，艺往无前""比拼激扬梦想，搏击磨砺锋芒"，这里面有押韵，也有对仗，所以听起来既美又有力量。只要再注意一下音调的和谐,扩充为八句话,大家也能写古诗了。

生:感觉好神奇,但真要坐在那里作一首诗,还是觉得好难……

师:其实同学们的难处就在于不知道写什么主题,第一句怎么下笔,考虑到这种现实情况,假期又刚刚过去,同学们可能会有游玩的经历,所以老师就给大家拟定一个相关的题目和开头。

(PPT 出示诗歌题目《游南园》和首句"今日天气佳"。)

生:"南园"在哪儿,今天天气的确不错,好想再次出去玩……

此时,看到大家这么感兴趣,我就再一次把详细的题目要求通过 PPT 投影出来,给同学们规定 25 分钟内完成任务:

1.《游南园》作为诗歌题目;2."今日天气佳"作为首句;3. 写八句话;4. 偶句最后一个字押韵;5. 中间两联对仗(类似《笠翁对韵》);6. 音节要抑扬顿挫(由于现代汉语与古代汉语有较大变化,所以不要求严格的平仄,只需做到音节抑扬顿挫即可);7. 注意起承转合,首联起兴,颔联承接首联加以具体、深化,颈联转到写景或叙事,尾联表达感情。

25 分钟后下课铃声响起,我收到了同学们的诗作:

游 南 园

高三(1)班　吴亦浩

今日天气佳,春阳照空下。

鱼儿相濡沫,蜂儿依恋花。

鸳鸯同戏水,飞雀相与话。

葱草拔势长,匆匆年少华。

游 南 园

高三(5)班　金　晴

今日天气佳,春色尽芳华。

园内花葳蕤,亭外山如画。

乌雀枝头鸣,白头廊檐下。

(白头又称白头翁,是斑鸠的意思)

茕茕孑立此,鬓旁已花发。

游 南 园

高三(5)班 黄 展

今日天气佳,微风迎盛夏。

明日佳可否?蝉欲永留下。

(取蝉在地下七年,只鸣叫几天之意)

进园日正初,出园暮已霞。

蹉跎岁月去,珍惜现年华。

游 南 园

高三(5)班 邢 璐

今日天气佳,独览南园坝。

风吹绿叶洒,水落镜瓷花。

行至曲桥中,止步廊檐下。

我欲寻佳人,无奈心中瑕。

游 南 园

高三(5)班 陆依琳

今日天气佳,南园银雪铺。

鱼儿封冰湖,乌雀归暖谷。

梅花开枝头,松柏挺如故。

万物皆入眠,来年再复苏。

另有一首也基本符合要求:

游 南 园

高三(1)班 张 祥

今日天气佳,南球是我家。

转身加过人,扣篮大爆炸。

投篮唰唰唰,运球啪啪啪。

欲变篮球神,梦中一米八。

三、案例分析

本节课整个教学过程比较简单,先引导同学们回顾以往所学习的古典诗歌的知识点;接着以近体诗中的律诗为例子请同学们具体谈一谈,又让同学们举例说明这些知识点所用的术语究竟是什么意思;最后,结合同学们假期游玩的经历以及当天的环境氛围确定题目和开头,以便让同学们更好地有感而发。

在众多的诗歌题材中之所以选择五言八句诗作为练习,是因为容量较大,便于把事情说清楚,且各句内部字数也不多,两个词语外加一个单字就可集结成句,而其中所要求的押韵、对仗及平仄问题举几个例子便可以使学生理解,因此比较适合初学者,于是我就选定了五律作为体裁。

这堂课的设计目的在于改变以往教学中老师讲知识点,学生记笔记,最后做练习巩固知识点的机械方式,而是希望通过同学们的亲自实践,主动探索所谓的古典诗歌究竟是什么,以及什么叫作押韵,什么叫作对仗,什么叫作诗歌的起承转合,目的是通过讲练结合的方式,让同学们在写作的过程中去感悟。这不但有助于同学们识记知识点,提高诗歌的学习兴趣,更为以后鉴赏诗歌,发现生活中的美,诗意地栖居打下基础。

四、案例反思

当我拿到同学们所写的诗歌时,我为同学们的创造力和主动探索的精神感到惊讶,以上同学不仅深谙律诗的体裁特点,除平仄(由于今古音的变化,平仄没有做过分要求)有些错位外,基本上押韵无误,对仗工整,意象选取恰当,语言纯净,立意高远,起承转合自然,或表达时光匆匆流逝的感伤,或表达青春易逝的感慨,或抒发年轻昂扬的姿态,或表达不甘认输的态度,充分调动平时的文学积累,把心中所想用诗歌的语言表达出来,很难说这没有为他们日后的人生埋下一颗诗意的种子。总体来说,这是一次有益的尝试,同学们获得了快乐和成就感,老师也受到激励和鼓舞。

(一) 选对方法,调动学生的积极性

语文是活的,是语言文字,是交流工具,更是展现自我的媒介,即便是同样的题目和开头,也可以看出同学们各不一样的内心世界和情感体验。把日常生活中的所见所感以诗歌的语言呈现出来,发现生活中的诗意,用美的眼光来观察身边的人和事,有助于提高学生的幸福感。这次古诗写作让我看到了更多的个性,也看到了同学们职业生涯的各种可能,不禁让我思考,好的教学方法是多么重要。学习古诗固然需要背诵,但如果教师能找到一种方法让学生真正参与进来,表达自己最真实的心声,他们一定会有积极性的。

(二) 相信学生,保护他们的创造力

有时候我们太容易被学生的分数所欺骗,以为他们考得不好是思维能力有问题,这其实是一种很不负责任的想法,并且与职业生涯规划的核心理念相违背。在这次诗歌写作过程中,有些同学平时的成绩并不好,比如以上高三(5)班陆依琳同学和高三(1)班张祥同学,张祥甚至在班级倒数,但是他们的诗歌却充满了生命力与创造力,连老师看了都深受感染。因此,从生涯规划的角度看语文教学,老师应该想方法去挖掘他们的潜力,让他们去发现自我更多的可能性,增强自信心和获得感。想方法保护他们的创造力,提供一条从其他角度认识自我的可能性,让他们发现自己的优点,在生活中变得更阳光,这也是我校生涯课程的旨归所在。

(三) 教学相长,诗意人生一起走

"如果你想给学生一滴水,那你就得有一桶水。"我之所以敢于尝试这个教学形式，是因为在读研期间做了大量的基础工作，包括阅读诗歌、诗话、文学理论专著以及大量的研究论文等。此外，还跟从唐宋文学研究方向的刘青海老师专门学习过五律写作，有这方面的基础。工作以后，在日常教学中我更加认识到自己的不足，因此会想尽办法自我提高，在上这一节课之前，我又通读了王力的《诗词格律》以及《诗词格律概要》两书，并且摘抄整理了大量笔记。

在这个过程中我深刻地体会到"渡人便是渡我"几个字的含义，这次诗歌写作教学的尝试与其说是给学生的生涯规划提供了一种可能性，不如说是给我自己的教师生涯之路提供了更多的自信心，让我看到教师这个职业的创造性和教育带来的满足感，让我的教学有了诗意！

从英语课文学习中见识旅游相关职业
——以"A woman's place is in the home?"课例为例

杨小花

本案例选取的是牛津英语教材高三上学期分册 Unit2 的"A woman's place is in the home?"通过"浸润式'生涯教育'",让学生阅读、讨论、表演,学生在了解旅游行业的相关知识和技能之外,增加了对社会责任和女性价值等方面的思考,拓宽了英语学习的视野,为生涯决策做准备。

一、案例背景

(一)教学内容和背景

《普通高中英语课程标准》认为,高中英语课程基本理念包含"发展英语学科核心素养,落实立德树人根本任务""构建高中英语共同基础,满足学生个性发展要求""实践英语学习活动观,着力提高学生学用能力"等。因此,在教学中,英语教师需注重培养学生的英语语言能力、文化意识、思维品质和学习能力,为学生今后的工作与生活铺平道路。

高中阶段的生涯规划教育,旨在帮助学生树立明确的人生发展目标,获得属于自己的成长与发展。英语作为一门当今世界广泛适用的国际通用语,是思想与文化的重要载体。普通高中英语课程作为一门学习及应用英语语言的课程,与义务教育阶段的课程相衔接,旨在为学生继续学习英语和终身发展打下良好基础。因此,英语教学也承担着生涯教育的重要任务。

牛津英语教材高三上学期分册 Unit2 的 Reading 部分,题为"A woman's place is in the home?"这篇文章以辩论的形式展开,讨论女性应该待在家里相夫教子,还是在职场打拼以实现更大的人生价值。为了更好地渗透生涯教育,笔者在本节课中结合了高中阶段牛津教材其他分册的内容展开教学。例如,高一分册的

"Body language"和"A taste of travel"、高三分册的"What is ecotourism?"都较为恰当地当作了本节课的教学材料。通过本节课的学习,学生亲身体验与旅游相关的职业,了解自我,为生涯规划做好准备。

(二) 生涯内容和背景

2018年上海市人民政府颁发的《关于进一步深化本市高考综合改革试点工作的若干意见》要求:"深化实施学生生涯规划指导与教育,帮助学生认识自我,学会选择。""保护和发展学生的兴趣特长,引导学生把国家需要、高校要求与自身兴趣爱好、学业能力有机结合,在实现中国梦的生动实践中放飞青春梦想。"

我校的"开启生涯导航教育,为学生 happy 人生奠基"办学目标与浸润式生涯课程体系,帮助学生提升"自我觉察——自我探索——自我规划"的能力与素养,为学生更好地适应社会打下坚实的基础。

本课例旨在整合牛津各分册与旅游业相关的材料,通过高三阶段的"A woman's place is in the home?"这个教学契机,让学生在体验旅游相关职业的过程中,自我觉察、自我探索、自我规划,实现外生涯与内生涯的有机结合。

二、课例说明

(一) 学情分析

本课例的授课对象为高三学生。从学科素养方面来讲,高三学段的学生英语语言能力有了一定的基础,能较顺畅地阅读英语篇目和用英语表达自己的观点。从学生核心素养方面来看,需培养学生勇于探究的精神及其社会责任感。高三学生处于探索期,对未来的职业和人生发展既迷茫又期待。教师在教学中若能加以适当引导,帮助学生树立正确的人生观和价值观、加强自我了解、明确发展方向,学生定能发挥自我主观能动性,找到适合自己的道路。

(二) 教学材料分析

"A woman's place is in the home?"是牛津英语教材高三上学期分册 Unit2 的 Reading 部分,课文内容为正反双方辩论女性该在家相夫教子还是在职场打拼。笔者结合高中学段牛津教材有关旅游业的文本,例如高一分册的"Body language"和"A taste of travel"、高三分册的"What is ecotourism?"等,在课堂教学中让学生体验一把与旅游相关的各个职业,例如旅游业行政管理人员、旅行社高管、旅游咨询师、旅游顾问、导游、旅行指南作家等。本课例教学材料契合处于生涯探索期的高三学生,学生在英语课堂上了解自我、了解社会需求,从而实现内生涯与外生涯的完美结合。

(三) 教学目标

1. 熟悉文本内容;
2. 培养学生学科素养之语言能力;
3. 通过阅读、讨论、表演等活动思考女性的价值到底应该体现在哪里,思考自己将来的职业发展方向,为生涯决策做准备;
4. 培养处于探索期的高三学生的自我意识、信息意识及社会责任感。

(四) 教学设计及效果

1. 教学设计与实施

Step 1:阅读文本,了解文章内容。本课例是围绕女性应该待在家相夫教子还是在职场打拼引发的辩论。正方认为,"We should respect the traditional role of women; women are weaker than men; women are superior to men at bringing up children."反方认为,"In the past, baby girls were sometimes killed or sold as slaves, so we don't have to cling to the old traditions; women can do the same jobs as men; every woman has the right to work out her own priorities."这一环节帮助学生了解文本内容,引出生涯话题:你将来想从事哪个行业的工作?

Step 2:结合牛津教材其他分册的材料探索旅游相关职业。高一分册的"Body language"和"A taste of travel"、高三分册的"What is ecotourism?"都与旅游业相关。学生重读这些篇目,思考从这些篇目中,我们可以分析出旅游业从业者具体的职业是什么?从事这些职业需要哪些素养?学生通过阅读补充内容、自我思考和小组讨论得出了不同的答案。最终汇总的旅游业相关职业有旅游行政管理部门的公务员、旅行社高管、旅游咨询师、旅游顾问、导游、旅行指南作家等。这些职业需要的职业素养不尽相同。例如旅游行政管理部门的公务员需要较强的社会责任感；旅行社高管需要较强的信息意识和创新意识；导游需要较好的语言能力等。

Step 3：Role play。学生挑选一个自己可能喜欢的和旅游相关的职业，多人一组完成小组表演。在这个环节中，课堂气氛十分活跃。扮演旅游行政管理部门的公务员、旅行社高管、旅游咨询师、旅游顾问、导游、旅行指南作家的学生们各司其职，交出了一份令人满意的答卷。

Step 4：思考：我喜欢与旅游相关的职业吗？如果我想从事这个行业的工作，我需要怎么准备？同学们经过认真的思考，有的回答喜欢，旅游行政管理部门的公务员、旅行社高管、旅游咨询师、旅游顾问、导游、旅行指南作家等各个不同的职业都有学生青睐。有的回答不喜欢，将来会选择另外的行业。这个环节实际上体现了生涯教育的内生涯与外生涯的考量。内生涯是个人兴趣、性格、能力、价值观的体现，外生涯考虑的是环境、条件及社会需求。这两者若能完美结合，从业者将会获得无限的满足感和成就感。处于生涯探索期的高三学生通过自我觉察发觉适合自己兴趣爱好的社会需求高的职业，那么就能较快地做出正确的生涯决策了。此外，对旅游业感兴趣的同学该如何为此做准备呢？同学们也给出了不错的答案：网络查询、询问老师、现场咨询、请教亲朋好友等。职业信息的收集是职业规划的重要部分。信息意识的培养是"生涯教育"不可或缺的内容。

2. 教学效果

重新整合高中阶段教材相关篇目开展教学较为新颖，同学们课堂参与度很高，课堂氛围活跃。教学内容与生涯教育紧密相关，同学们在学习牛津英语课文的同时收获了生涯规划等知识，可谓一举多得。

3. 点评

本节课的成功之处在于：融合高中阶段与职业、旅游相关的文本资料，恰当地在英语课堂中渗透了"生涯教育"，完成了本节课的教学目标，培养了学生的信息意识,帮助学生了解了内生涯与外生涯的内容与实践意义,为学生将来的生涯决策做了较好的铺垫。本节课也并非十全十美,需改进之处在于:本节课集中关注国内旅游业,而没有涉及国际旅游业。如果加入国际旅游的部分,那么这就更能拓宽学生的国际视野,增强国际理解。

三、反思与建议

(一) 总结与启示

1. 就地取材,开展"生涯教育"。2018 年发布的《上海市教育委员会关于加强中小学生涯教育的指导意见》有如下内容:"注重体验式学习、自主生涯探索和生涯规划实践。"在本课例中,学生通过体验旅游业中不同的职业,探索了解自身的兴趣爱好,对自我的认识由模糊到清晰,结合内生涯与外生涯元素,为将来的职业选择做铺垫。其实,高中阶段的牛津教材有很多文本都可以较好地与生涯教育结合起来,让学生在学习英语的同时培养生涯规划的意识。例如"Care for hair""Space exploration""Big businesses""Painting the world""Living in harmony"等阅读文本,为教师提供了生涯教育的好材料,教师只需就地取材,辅之以恰当的教学方法,让学生亲身参与和体验,就能达成较好的"生涯教育"的效果。

2. 因地制宜,因材施教。教学材料不同、教学对象不同,"生涯教育"的教学目标也要做相应的调整。例如本课例中"What is ecotourism?"偏重的就是培养学生的社会责任感,关注环保,关注可持续发展;思考如何成为旅游业中相关从业人员注重的是培养学生的信息意识。

(二) 建议

学生核心素养以培养"全面发展的人"为核心,因此教师在进行"生涯教育"的过程中不要仅局限于自己任教的学科,而是要和其他学科教师密切配合,让学生全方位多角度地认识自我,了解社会,把握社会发展的时代特征,提升人际交往和社会适应能力。同时,学校可开展家庭教育指导,将"生涯教育"融入家校共育。指导家长了解"生涯教育"的理念与方法,从而让家长尊重孩子的个性特长与发展需求。

在解析几何教学中相遇"生涯教育"

王 卿

本案例选取的是数学第 12 章圆锥曲线,通过在课堂上完成由纯数学知识向解决现实世界中的实际问题的过渡,旨在介绍、论述如何培养、促进、提升学生阅读应用题、尝试应用题、解决应用题的信心。

一、背景介绍

数学的研究对象是数量关系和空间形式,概念抽象、逻辑严密、体系清晰无疑是它的特点,但在它产生和发展的漫长历史长河中,现实世界的应用问题更是为数学持续发展并不断突破提供了无尽的源泉,也成为数学学科对学生实施生涯教育的抓手。

数学建模是用数学语言和工具来表述、分析和求解现实世界中的实际问题的一门学科,特别强调要将最终得到的解决方案回归实际问题、检验是否有效地解答了原问题,这是数学连接应用领域的桥梁和道路,在数学学科中占有特殊重要的地位。数学建模是高中学生必须培养的数学核心素养之一,特别在如今教育要突出创新能力培养的背景下,其重要性更是毋庸置疑。

课本教材中的应用题,是数学建模的初步,是由纯数学知识向解决现实世界中的实际问题的过渡。做好应用题的教学工作,可培养学生表述、分析、求解实际问题的能力。

二、教学说明

在《普通高等学校招生全国统一考试上海卷考试手册》的数学科中,提出"能通过建立数学模型,解决有关社会生活、生产实际中的问题,并能解释其实际意义"。而本校学生数学学习普遍比较困难,尤其是对应用题,更是往往感觉无从下手,作业、考试中的应用题经常出现"开天窗"的情况。

课本的第12章圆锥曲线,又是计算相对烦琐、学生掌握比较困难的地方,与应用题相结合后难度更高。

本节课选择课本中的解析几何的一道应用题为例题进行教学。这道题目叙述比较简单清楚、背景也较熟悉,符合由简入繁的教学原则。课堂上,重点分析解决应用题的一般方法,减少学生对应用题的恐惧感,增强学生阅读应用题、尝试应用题、解决应用题的信心。

三、教学课例

(一) 仔细阅读题目,弄清题意

如图,汽车前灯反射镜与轴截面的交线是抛物线的一部分,灯口所在圆面与反射镜的轴垂直,灯泡位于抛物线的焦点处。已知灯口直径是24厘米,灯深10厘米,求灯泡与反射镜的顶点的距离。

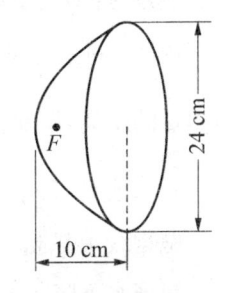

说明:高中数学的应用题,字数较多,又有科学或者是生活的背景,许多学生没有耐心阅读。因此,应用题教学的第一步就是要阅读题目,引导学生读、带领学生读、要求学生自己读,正所谓"书读百遍其义自见"。只有经过耐心、反复的阅读,才能搞清题意,弄清现实中遇到了什么问题,有哪些已知的条件,应选用何种数学知识去进行解答。

1. 建立合理的数学模型

解:以反射镜的轴即抛物线的对称轴为 x 轴,抛物线的顶点为原点,建立直角坐标系 xOy,

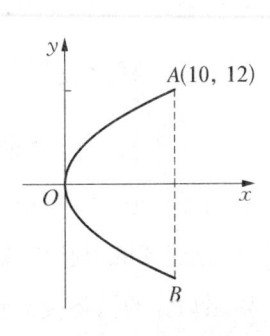

说明:对于应用题,应注意将科技术语转化为数学语言。对本题而言,首先是选择和建立适当的直角坐标系,将现实问题转化为数学中的解析几何问题。

2. 求解数学模型

由题设,得点 A 的坐标为$(10, 12)$,设抛物线的方程为 $y^2 = 2px$ $(p > 0)$,

因为 A 在抛物线上，所以 $12^2 = 2p \cdot 10$，$p = \dfrac{36}{5}$，

即抛物线焦点 F 的坐标为 $(3.6, 0)$。

说明：在解题中要注意把实际问题中的量转化为数学问题中的量。根据实际问题中所提供的信息，可知所建立的模型中，抛物线上一点 A 的坐标为 $(10, 12)$，因为是开口向右的抛物线，所以可以设方程为 $y^2 = 2px$ $(p > 0)$，将点 A 代入，就可以求得抛物线的方程，进而得到抛物线的焦点坐标。

在这个步骤中，我们就将用文字叙述的实际问题完全转化为了一个数学问题：已知抛物线 $y^2 = 2px$ $(p > 0)$ 上一点为 $A(10, 12)$，求抛物线的焦点坐标。然后通过代数运算的方法来研究图形的几何性质，这体现了解析几何的本质。

3. 回答实际问题

所以，灯泡与反射镜的顶点的距离为 3.6 厘米。

说明：将上述纯数学问题的解答转化回实际问题，即注意到灯泡离反射镜的顶点的距离，即是抛物线焦点到顶点的距离，是 $\dfrac{p}{2}$。

4. 配套练习题

抛物线形拱桥，当拱顶离水面 2 米时，水面宽 4 米。问当水下降 1 米后，水面宽为多少？

说明：应用题对我们学生来说是非常困难的，因此在举完例题后要配上相应的练习题，以巩固刚刚学到的解应用题的基本步骤和方法，使学生从中体会数学建模的意义和方法。

四、案例反思

在课本第 12 章的背景图中，"嫦娥"探月卫星的 16 小时、24 小时轨道都是椭圆形轨道，而环月轨道是近似于圆形的轨道；抛出的物体常常以抛物线轨道运动，已建成的万县长江大桥呈双曲线性质。行星和人造卫星运行的椭圆形轨道、射出炮弹的抛物线形轨道，向我们展现了研究圆锥曲线的必要性。在我们生活的周围，各种圆锥曲线的形状也有许多。让学生先感性地找一找生活中的圆、椭

圆、双曲线和抛物线,并说说它们的特征和用途,可提高学生学习圆锥曲线的兴趣。

在学习了圆锥曲线的标准方程与几何性质之后,再把所学的数学知识运用到实际生活中去,解决一些实际问题,既巩固数学知识,又对于培养学生发现问题、提出问题、分析问题和应用数学知识解决实际问题的能力具有重要作用。当然仅仅通过一堂课,几个例题、练习是很难让学生完全掌握解析几何中的应用题的解法的。在实际教学中,最好是化整为零,多次、反复地渗透,不断地让学生体会、练习才行。

数学看似艰难抽象,但有无穷奥秘的魅力,从侧面反映了职业生涯在不懂其意下的无序和不确定性并在找准"坐标"后顺利发展的情形,本次课堂教学寓意人生生涯也要正确"建模",准确解答。

用化学反应"合成"人生畅想

金 晨

本案例选取的是上海现行高中化学高二第一学期《12.1 杜康酿酒话乙醇》的第一课时：乙醇的性质，通过尝试构建生涯教育与学科融合的思考模型，进而进行案例的评价分析，旨在论述如何提升学生的自我效能感。在此基础上进一步明晰自己的人生目标、个人兴趣、价值观等。

一、背景说明

两百年来，化学经历着不断变化发展的过程。从最早的冶金术，发展到如今对微观世界的探索。化学的研究对象、研究方法、研究价值，也随着时代发展贡献自己的力量。那么作为启蒙阶段的中学化学，它又能给学生认识世界带来什么呢？《普通高中化学课程标准 2017 年版》指出："中学化学应以发展化学学科核心素养为主旨、倡导设置满足学生多元发展需求的高中化学课程。"核心素养将化学知识与技能的学习、化学思想观念的建构、科学探究与问题解决能力的发展、创新意识和社会责任感的形成等多方面的要求融为一体，更好地服务于学生未来发展所需的正确价值观念、必备品格和关键能力。

在化学学科要求以及生涯教育的理念中，都体现了两者对于学生适应未来社会发展需要的功能及作用。学科教学融入"生涯教育"并非改变学科的性质，而是在结合、渗透、贯穿上下功夫，使得"生涯教育"与化学学科教学成为意识层面和方法层面的有机融合。结合舒伯生涯发展理论及班杜拉自我效能理论的两大理论，为了满足个体在高中阶段发展的需要，进行如下设计：

首先结合化学学科特点，在教学设计的内容上挖掘本学科所能培养的各项能力目标。素材力求能激发兴趣，强化成就信念，从而提升学生的自我效能感。在此基础上进一步明晰自己的人生目标、个人兴趣、价值观等。

其次，在自我效能感不断提升的同时，学生要不断自我实践，即通过课堂活动，按照一定的能力要求以达成"认识自我""适应未来竞争""人格完善"等需要。这个过程学生会遇到"自我认同"和"自我分化"的双重考验，最终形成较为准确的自我概念。

最后，在自我概念及自我效能的作用下，结合"自我"——"专业"——"职业"的方向，为高中阶段的6选3选科模式提供建议。

笔者结合化学学科核心素养的要求，试着构建生涯教育与学科融合的思考模型，如图1所示：

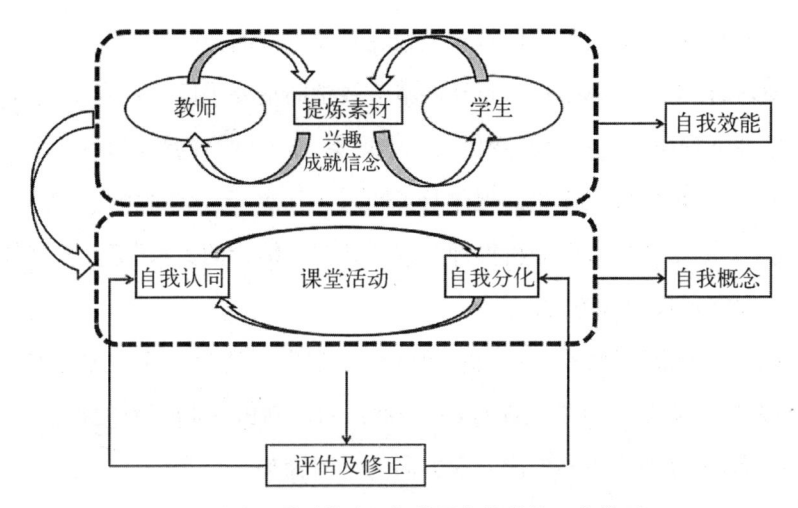

图1 "生涯教育"融入化学课堂教学的思考模型

为了能够将这一思考模型落实于课堂教学，笔者设计了相对应的研究模型，如图2所示：

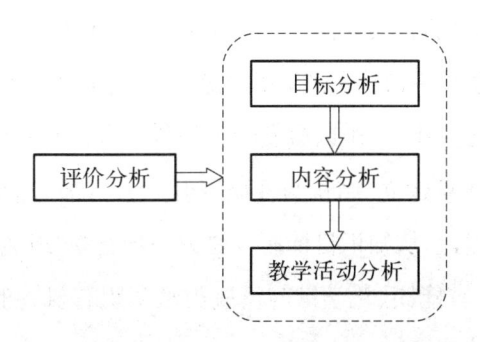

图2 "生涯教育"融入化学课堂教学的研究模型

下面以上海现行高中化学高二第一学期《12.1 杜康酿酒话乙醇》的第一课时：《乙醇的性质》为例进行实践分享。

二、案例说明

（一）学情分析

"有机物"是什么？它虽然种类繁多，但是对它们的了解要多过无机物，这是为什么？另外，近些年诺贝尔化学奖都在有机生物化学领域有了重要的进展，那么有机物的魅力究竟是什么呢？我想，带着这样的疑问，激发学生探求有机物结构与性质的同时，更能激发他们对于该领域专业发展的向往及追求。

因此，强化学生的体验过程是开展本节教学的重要手段。首先，通过观察辨识一定条件下物质的形态及其变化的宏观现象，激发学生的学习兴趣，并在适时的引导下，提炼物质性质变化的规律及其联系。其次，要让学生学会"搜集证据""提出假设""基于证据进行分析推理""解释证据与结论的关系"等。从整体上把握化学探究客观规律的方法。

让化学可观察、可触及、可分析、可提炼。学生们就会在这一过程方法的学习中，渐渐感悟到学习科学兴趣点，激发他们对于新鲜事物探究的科学方法，提升学习兴趣，更好地为更高层次专业方向的学习铺垫。

（二）教学材料分析——指向内容分析

乙醇作为学生十分熟悉、绿色的有机物，如今被广泛应用于自然科学领域。无论是燃料，还是重要的合成中间体，它都扮演着不可取代的角色。"既熟悉又陌生"的心理，使得敢爱不敢碰的心理阻碍学生亲近自然科学。"知其然不知其所以然""无穷无尽无规律"也难以激发学生的科学探究和实践欲望。

有机物的学习注重建立"结构与性质"间的关系，即官能团决定了某一类有机物的化学性质。因此，从知识目标而言要进一步建立"组成、结构决定性质"的基本观念，形成基于官能团、化学键与反应类型认识有机物的一般思路，了解测定有机物结构的相关知识。

（三）教学目标制定——指向目标分析

1. 教学目标重难点

重　点	（1）乙醇的结构　（2）乙醇的化学性质
难　点	（1）乙醇中羟基对于化学性质的影响

2. 生涯目标

本案例生涯的聚焦点在于培养学生自我探索（兴趣、能力、价值观、个性）的提升、能力培养（自我控制、时间管理、情绪管理、人际交往）。通过对已知物质的再认识，形成认知冲突，从而激发学习兴趣。利用数据与模型，采用分析与综合、归纳与演绎的方法。在课堂上有限的时间内，给予学生充分讨论和修改方案的时间，培养学生时间管理和人际交往的能力。

我们常说，在探究物质性质的过程中，总会遇到各种困难。然而在遇到困难的时候，不要用乙醇麻醉自己的神经。就像整个探究环节中，学生们互相讨论，搜集证据，积聚力量，耐心等待一般。在通过一番努力后，也许有一天如乙醇那般转化为堪比"TNT"的巨大能量。化学物质的魅力如此，人生意义和价值同样得到了更好的升华和诠释。

（四）课例描述——指向活动与评价分析

【活动分析案例1】

［问2-1］对于有9个原子组成的乙醇分子，这些原子怎么排列出来的？请你们利用价键的原理，把乙醇分子的结构式搭建出来。（请两个不同的学生上黑板写）

［学生活动］

活动形式：分组合作，通过球棍模型搭建合理模型。

活动结果：组内合作，组间竞争。互相讨论各组的模型，并评价模型构建的合理性。

活动成果：2/3的小组搭建出了正确的模型结构。100%的学生参与了活动的互动。

$$\text{H}-\underset{\underset{\text{H}}{|}}{\overset{\overset{\text{H}}{|}}{\text{C}}}-\underset{\underset{\text{H}}{|}}{\overset{\overset{\text{H}}{|}}{\text{C}}}-\text{O}-\text{H} \quad \text{和} \quad \text{H}-\underset{\underset{\text{H}}{|}}{\overset{\overset{\text{H}}{|}}{\text{C}}}-\text{O}-\underset{\underset{\text{H}}{|}}{\overset{\overset{\text{H}}{|}}{\text{C}}}-\text{H}$$

【评析1】

1. 倡导程序启发的教学模式

利用程序启发式的教学，让学生讨论乙醇分子结构的特点。在课堂教学组织上，教师利用"球棍模型"实物，让学生自行搭建符合价键原理的模型，从而得出两种乙醇的分子模型。这种设计引起了认知冲突的同时，为乙醇分子结构最终的确立做了铺垫。

2. 重视探究类素材对自我概念的培养

实验探究可以培养学生的创新意识、科学精神等关键能力。实验具有博人眼球、吸引学生注意力的巨大作用。然而，并不是所有学生都能准确观察现象，并对实验数据进行合理的解释和分析。因此，通过实验探究，一方面能够激发学生的兴趣，使得学生能够接受化学。另一方面在对实验探究的过程中能够不断强化自我认同和自我分化，从而完善自我概念。学生在教师的引导下，充分发挥了自主学习的功能，所有学生参与到了模型的搭建过程中。学生分组活动、协作配合、有序讨论，完成了教师既定的教学目标的同时，也培养了他们的动手实践能力，激发了他们对于分子结构这一原本枯燥无味的知识点的再认识，是一种自我探索和能力培养上的提升。

【评价分析案例2】

[讲解]那么到底哪种结构正确呢？如今有一种科学的手段，可以通过某种信号间接窥探出某些分子的组成，我们把这种方法称为核磁共振。

[PPT展示]

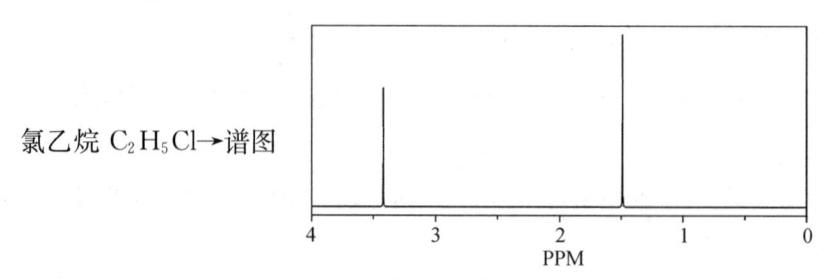

氯乙烷 C_2H_5Cl →谱图

第四章 品题——基于发展的倾情

结构：
$$\begin{array}{c} 1.49\ 3.42 \\ H\ \ H \\ | \ \ | \\ 1.49\ H-C-C-Cl \\ | \ \ | \\ H\ \ H \\ 1.49\ 3.42 \end{array}$$

乙烷　C_2H_6→谱图

结构：
$$\begin{array}{c} 0.86\ 0.86 \\ H\ \ H \\ | \ \ | \\ 0.86\ H-C-C-H\ 0.86 \\ | \ \ | \\ H\ \ H \\ 0.86\ 0.86 \end{array}$$

根据：

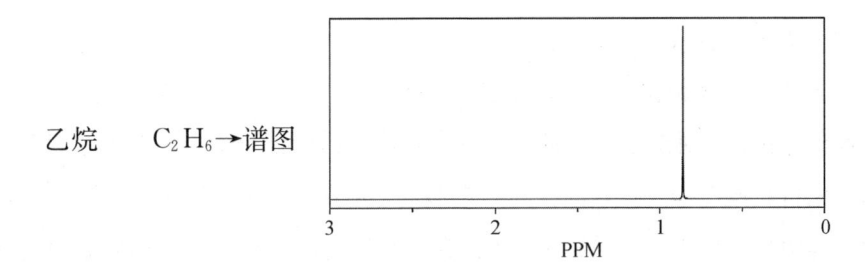

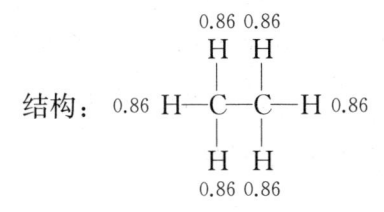

乙醇　C_2H_6O→谱图

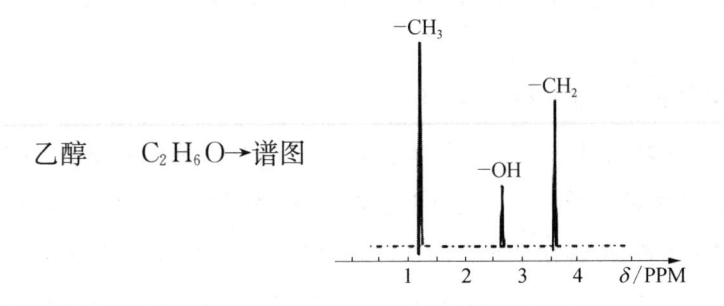

写出：

结构是什么？

[PPT展示,思考] 参照核磁谱图的要点,乙醇分子的谱图说明它的分子结构应该是怎样的？哪一个才对？你的理由是什么？

161

【评析2】

1. 证据推理完善概念建构

从教学内容看,教师利用当代仪器分析的技术——"核磁共振",对氯乙烷和乙烷的氢谱进行了解读。利用分析与综合的方法,归纳出氢谱图如何确定等效氢种类。最后,利用演绎的方法来解释乙醇分子结构形成的证据。证据推理是培养学生化学核心素养的重要方面。

2. 现代仪器分析技术评价课堂教学效果

评价分析:应对课程实施进行评价。侧重在如何评价学生才能够激发学生不断强化自我概念和自我效能。从生涯教育看,学生间的自我探索(能力)上的差异较为明显。思维能力活跃的学生,能够通过新的信息载体对旧知识进行重新认识。例如:在仪器分析技术的帮助下,他们不但能够看懂乙醇中等效氢的种类,他们还能通过对各种新谱图的解读,对新物质的结构做出进一步的判断。这些学生在理科上有极强的可塑性。通过这类思维过程的评价,学生能够体会到自我对于某些领域认知能力上的不同,也对今后个人兴趣、职业的选择提供了一定的借鉴作用。

三、反思建议

本节课的教学目标合理,教学设计巧妙,教学过程流畅,教学达成度高。

(一)展现化学的学科魅力和学科方法

在推测乙醇分子结构时,利用核磁共振的方法,测量出乙醇不同环境下的氢原子,从而推断出乙醇的分子结构。这种教学处理与传统教学处理相比,它利用了现代化学的测量手段,体现化学研究的新进展和新方法,使学科教学跟上了现代科技发展的步伐和趋势。从教学效果看,学生也能基本掌握利用核磁共振方法测定有机分子结构。

(二)体现理科教学与人文精神的融合

整节课PPT的模板有民族特点。例如:杜康酿酒的典故中,背景用了古代文言文的诗句,提升学生的人文精神。通过一段时间的课堂教学实践后发现,学生对于化学学习的热情有所提升。一是选科人数较多,近一半学生选择了化学学科。女生们会认为化学学科更贴近生活,不机械化。男生则更多被化学现象背后的本质原因所吸引。二是素养的提升,表现在对化学热点问题的关注,并加以正确价值观的判断。表现在面对实验现象时,会习惯性用已知的知识去推理并验证,最终得出结论,等等。总之,对于不同的个体,都开始有意无意地关注自身素养的变化。

(三) 缺乏自我的外部探索

虽然化学核心素养的理念中,并没有对于学生的外部探索(职业、大学、家庭)培养提出明确要求。但是,这并不代表化学课堂教学中不需要外部探索。通过本课例的学习,相信有不少学生会对如何成为一名"科学家"而感兴趣。因为,他们通过这节课学会了如何鉴定制备的物质是新物质。要知道,自然界中有机物的含量是远远高于无机物的。而且,每天有近千种新的有机物被合成出来。那么,有没有相关的专业?专业名称是什么?专业前景究竟如何?就业需要哪些条件限制?工资待遇如何?有机合成专业是否有毒等等一系列的话题,一定会使本节课的外延更丰富,能够进一步激发学生对于化学学科的热情。

让"生涯教育"在"核裂变"中获取能量

吴勤盛

本案例选取的是物理高二下《第九章 D 重核裂变 链式反应》,通过聚焦未来的能源发展,引导学生认识到发展核能对于当今社会和世界的重大意义。

一、背景介绍

在高中教育阶段强调学生的生涯规划,旨在帮助学生了解自我,激发学习兴趣,明确发展方向。本节内容《重核裂变 链式反应》学习的是原子核人工转变的应用,并介绍了现今核电站的运作原理,这是未来人类能源开发的重要领域。

重核裂变是质量较大的核俘获中子后分裂成两个(或多个)中等质量核的反应过程。重核裂变时会放出几个中子,并同时释放出大量的能量。通过本节的学习,学生可以了解核能的开发与利用的巨大经济价值,并懂得核裂变技术是一把双刃剑,感悟核问题对于建立一个和平、和谐世界的重要意义。

二、教学说明

在本章前几节已知,原子核的天然衰变和人工转变过程都伴有大量的能量释放出来,这就是核能。本节课重点介绍了重核裂变的过程,认识到这是获取核能的重要途径之一。为了大规模地获取核能,必须创造出条件形成链式反应,使核裂变不断持续下去。

关于核能的定义不用多做讨论,主要引导学生认识到发展核能对于当今社会和世界的重大意义。通过教学,不仅要学生了解什么是核能、如何利用核能,更重要的要让学生感悟为什么要利用核能、如何和平地利用核能等科学态度问题,建立正确的核利用伦理观,同时增强社会责任感。

学情分析

1. 教学重点与难点

教学重点：链式反应与产生条件；发展核能对于当今社会和世界的重大意义。

教学难点：核能的产生；控制链式反应的方法。

2. 生涯教学聚焦点

重核裂变的链式反应是现今核电站的运作原理，更是未来人类能源开发的重要领域。本节课聚焦未来的能源发展，引导学生认识到发展核能对于当今社会和世界的重大意义，对从事核研究、核工程领域的科学家、专家产生敬佩之感，对核领域职业有初步了解，引发对核领域职业的兴趣。

三、课例描述

（一）教学目标

1. 知识与技能

（1）知道重核裂变是获取核能的有效途径之一。

（2）知道链式反应和产生链式反应的条件。

2. 过程与方法

通过重核裂变和链式反应的学习过程，感受虚拟实验的方法。

3. 情感、态度与价值观

了解核能的开发与利用的巨大经济价值和未来职业前景，懂得核裂变技术是一把双刃剑，感悟核问题对于建立一个和平、和谐世界的重要意义。

（二）教学过程

1. 创设情景、设疑激趣

情景：观看核武器爆炸的录像。

提问：一次核爆炸释放的能量大约是等量物质化学反应释放能量的百万倍。它是什么能？又是如何产生的呢？这些能量人类是怎样利用的？

2. 核能的产生

（1）核力

核力是核子之间的作用力。它具有如下特点：

① 核力是短程力，核力只有在原子核的线度内才发生作用。只在 2.0×10^{-15} 米距离内起作用，即使在半径很小的原子核内，每个核子也只跟与它相邻的核子间才有核力的作用。

② 核力是一种强相互作用，质子间产生库仑斥力，而核力能抗拒库仑斥力而使质子紧密结合在一起，这说明核力很强。它比库仑力大 100 倍。

③ 核力与核是否带电荷无关，质子间、中子间、质子与中子间均存在核力。

（生涯渗透）核力的本质，目前认为是一种交换力。目前以介子场论作为核力的基本理论，它能做出很多有价值的定性说明，但是这种理论还不完备，还存在严重的困难。核力的本质，还没有一个比较完美的理论来说明，关于核力的本质仍有待深入研究。这就是未来前瞻性职业发展的方向。

（2）核能

由于原子核内的核子间存在着强大的核力，若要把原子核拆散成核子，需要克服核力做极大的功，或者说需要有外界给以巨大的能量才能"轰开"原子核。反之，如果要把分散的质子和中子结合成原子核，就会放出能量。

这表明，分散的核子结合成原子核时要放出一定能量；原子核分解成核子时，要吸收同样多的能量，这个能量叫作原子核的结合能。原子核发生变化时，可能吸收能量，也可能释放能量。这种释放出的能量，通常叫作核能。

提问：（生涯渗透）原子核内蕴藏着巨大的能量，但人类如何才能利用核能呢？

（3）重核裂变

重核：质量数较大的核。

重核裂变的发现：1939 年德国物理学家哈恩和他的助手斯特拉斯曼，用中子轰击铀核时发现的。

铀核的裂变过程：当中子打进铀核后，就形成处于激发状态的复核，复核中的核子由于激烈运动，使核变成不规则形状，核子间距离增大。由于核力只在极短的距离内发生作用，核力迅速减小，因而不能克服核子间的库仑斥力使核恢复原状，核就分裂成两部分，放出几个中子，并伴有巨大的能量放出。

重核裂变释放能量的原因：假定铀 235 吸收一个中子后，裂变成一个溴 85 核和一个镧 148 核，同时放出三个中子。铀 235 的质量为 235.124，溴 85 的质量为 84.938，镧 148 的质量为 147.96，中子的质量为 1.009。请考察铀核裂变前后质量总和的变化。

裂变前的质量总和为：235.124＋1.009＝236.133；

裂变后的质量总和为：147.96＋84.938＋3×1.009＝235.925；

裂变过程中质量的减少为：236.133－235.925＝0.208。

这些损失的质量到哪儿去了呢？

根据爱因斯坦相对论可知，它们变成了能量。爱因斯坦推导出一个著名的质能转换公式：$E=mc^2$，其中 c 是光速，m 是静止物体的质量，E 是静止物体所含的能量。由这个公式可以方便地计算出铀核裂变放出的能量约为 194 兆电子伏。近似地说来，每次裂变大约释放 200 兆电子伏的能量。这个数值是非常巨大的，比如说，1 克铀 235 完全裂变所释放的能量，相当于 2 000 000 克（2 吨）优质煤完全燃烧时所释放的能量。也就是说，裂变能大约要比化学能大二百万倍！

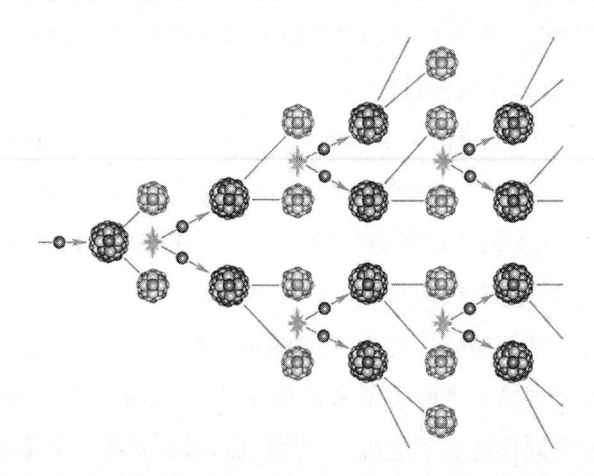

提问：（生涯渗透）至此，可知裂变是获得核能的一个重要途径，那么，这种裂变能否持续下去，以获得更多的核能呢？

(4) 链式反应

重铀核裂变的特点：重核裂变将同时放出 2—3 个中子，如果这些中子再引起其他重核裂变，可以使裂变不断地进行下去。这种反应叫作链式反应。（如同多米诺骨牌，当第一块骨牌倾倒，会导致其他骨牌接连倾倒，形成连锁反应）

控制条件：能够发生链式反应的铀块的最小体积叫作它的临界体积。只要铀块超过了临界体积，就会引起铀核的链式反应，发生猛烈的爆炸。

分组讨论：（生涯渗透）链式反应使核能的大规模利用成为可能，而对人类来说，巨大的核能是福音还是梦魇？

结论：核能是一种工具，人类的使用需要正确的引导与和平的发展，这样才能充分利用威力巨大的核能为人类的发展谋福利。

四、教学反思

本节课有两个目的，一是让学生在充分认识核能的基础上，了解能够引起链式反应的条件；二是引导学生正确面对如此巨大的能量，感悟人文精神在自然学科中的重要作用。

原子能可以为人类提供能源，却也曾经毁灭过城市。所以对于人类本身而言，科学技术永远是桨，人文精神却是舵。科学不可能成为教育的唯一依据和唯一目的，因为科学知识、科学方法和科学精神本身就需要人文精神的制约。在中学物理教育中，确立人文精神目标的意义，不仅在于使每一个学生在学习阶段就学会对科技成果的正确选择、舍取和使用，还要求学生正确对待科学精神。科学精神追求纯科学的客观性、严密性和精确性，既有求真、求实，敢于对世界的利用和改造，由此增加人类的幸福和力量的一面；又有排除一切人情世故，甚至冷漠地、残酷地对待人类，严格按照科学的规律运行的一面。如果在人生的范畴内，摒弃了人性而追求纯粹的科学规律，势必造成人性的扭曲和社会的畸形。

科技的高度发展给人类确实带来了福音，但人文素养的缺漏会使得原本带来福音的科技发展同样造成了危机。二战以后，科学发明一个接着一个，间隔越来越短；而各个国家之间在高新科技方面的竞争越演越烈，由此引发的社会问题却层出不穷，乃至触目惊心：经济盲目增长，导致资源浪费、通货膨胀和过度消费;自然界毁坏,导致环境恶化和生态危机。当人们还未从科技增长中得到充分的安定感和幸福感时,现代科技所创造的物质力量,却已经足以在瞬间毁灭好几个地球,彻底毁灭人类。

这些,是我希望这节课能带给学生的职业生涯的精神引领,学习物理这门自然学科,学生不仅要能养成科学态度,更要担负起未来的社会责任。

基于"生涯教育"的英语阅读课堂

杨婉琪

本案例选取的是高一英语上 *The Human Body* 一文中的 *Care for your hair*，课堂阅读围绕 how to care for hair 进行角色扮演，通过"浸润式'生涯教育'"，学生在习得英语技能的同时，增加了审美力、沟通力，了解了社会角色、社会分工的发展动态及不同职业的专业素养要求，形成了对社会各行各业的尊重与理解。

一、背景说明

（一）生涯相关政策

上海市教育委员会在 2018 年发布的《上海市教育委员会关于加强中小学生涯教育的指导意见》中指出："普通高中阶段的生涯教育侧重于生涯规划。主要通过生涯教育课程与活动实施，深化学生的自我认识，以高中学生综合素质评价为指导，以志愿服务（公益劳动）、研究性学习等学习实践活动为载体，增强学生的社会意识和社会参与能力。在选学择业的过程中，指导学生了解高等院校的专业设置和社会的职业需求等信息，激发学生的学习潜能，培养学生学业和职业的规划能力，提高学生的生涯决策和管理能力。"

同时，"加强中小学生涯教育，是促进学生全面发展和终身发展的重要举措，也是上海深化教育综合改革、实施新时期德育与心理健康教育的必然要求"。

（二）学校理念

在这种背景下，我校坚持建设"浸润式'生涯教育'"课程体系，旨在借力为学生成长成才提供更多机会和更大舞台的高考综合改革，让学生根据自己的兴趣与特长"愿选择""会选择"和"能选择"。

"浸润式'生涯教育'"课程体系,通俗来讲就是将各学科课堂教学理念与生涯理念融合,以达到潜移默化的效果,引导高中生建立正确的人生方向为目标,以辅导高中生营造科学的生涯活力为追求,以构建"浸润式'生涯教育'"课程体系为载体,为学生人生奠定基础。

(三) 本节课设计背景

本堂课设计为一节阅读课。阅读是运用语言文字来获取信息、认识世界、发展思维并获得审美体验的思维活动。阅读是英语学习中获取新知识的必要途径,是巩固和强化已有知识的有效手段,同时也是提高其他英语语言技能的基础。其功能的丰富性以及实用性,使其在新课标背景下成为英语教学的重中之重。通过有效的英语阅读教学,学生们能提高其核心素养,也能学会如何理解、领悟、吸收、内化和拓展,从而完成对生涯规划的探索。

本文文本 *Care for your hair* 基于话题 The Human Body,围绕主题语境"人与自我",引导学生关注自我、关爱自我。本次课程最后的产出为一段理发师与顾客之间的 dialogue,希望学生就 how to care for hair 这个话题进行对话,并且切身体验理发师的行业角色,感受此职业所必备的交流技巧。课堂旨在指导学生增强社会意识、社会理解和社会责任感,认识个人与社会、学业与发展、当下与未来的关系,了解社会角色、社会分工的发展动态及不同职业的专业素养要求,形成对社会各行各业的尊重与理解。

二、案例说明

(一) 学情分析

本次授课对象为上海大学市北附属中学高一(1)班学生,大多数学生能够在老师的引导下,带着任务通读课文、进行讨论。学生乐意参与课堂活动,课堂氛围以及参与度非常高,但基础相对薄弱,语言表达能力欠佳。

(二) 教学教材分析

本文文本 *Care for your hair* 基于话题 The Human Body,围绕主题语境

"人与自我",引导学生关注自我、关爱自我。本文以理发店 Connie's 的广告宣传单为文本,向同学们介绍了脸型、发型、护发方法等生活化的内容。这类内容贴近生活,就这个主题学生能够有话可说。本文作为一篇 leaflet,语篇结构清晰,词汇简单,适合高一新生学习。

(三) 教学目标制定

1. 掌握本课文本内的新词汇、新句型。

2. 基于文本语言支撑的输入,以理发师的角度对学生的发型给出建议,体验该角色。

3. 能够表演出一个理发师的角色,以模仿该职业的肢体语言和口语来深入理解此职业。

(四) 课例描述

本次阅读课以"What will you pay attention to, when you first meet someone?"这样一个 brainstorming 导入,目的是使得学生都参与到课堂中,并引出本文的一个关键主题词"hair"。

由于本文是一个理发店的传单,因此在这一环节之后我就创设了一个贯穿本堂课的一个大情境——本堂课就是一个理发店的学徒课堂。我扮演 Connie,整个教室就是理发店,而学生都是理发师学徒。此后的所有教学任务都是基于这一大情境下实施的。这使得学生能在真实的语境中去体验角色,角色的代入感更为强烈。

在引入主题之后,学生首先就会按照要求带着任务、带着目的地阅读文章,以训练他们 skimming 与 scanning 的阅读技能,大致了解和疏通文章的内容。其次,我会对文章中脸型与发型的关系进行拓展,以理发师 Connie 的身份就脸型 face shape 与发型 hairstyle 展开介绍,而学生作为学徒,要依照我的表达找到相应脸型的同学,并且模仿我去对同学的发型做出评价。这不仅能够激发学生的学习兴趣、提高课堂参与度,更能让他们根据所学的知识思索判断,提升其思维能力以及表达能力;并且在真实的语境中,学生们能更切身地体验和代入理发师学徒的身份，更好地进行生涯体验，更好地进行产出。接着在此环节后，学生继续进行 careful reading，目的是为了让学生对具体信息、细节表达有所深入了解，为 post-reading 环节的 give suggestions 提供语言支撑，也为了让他们在体验角色时能够对话得更为自然。

最后，学生根据所学进行一段完整的两人情景对话的编排。对话主题为 give suggestions on hair care，两个学生为一组，一人扮演理发师，一人扮演顾客，顾客需要提出相关的困惑，理发师则是给出建议。对话需要包含 greeting 和 ending 等环节，增添自然的 body movement，模拟一段真实自然的对话，鼓励学生发挥想象。

这一环节是为了锻炼学生的语言能力与思维品质。在对话的编排中，学生需要思索怎样自然地将所学的语言运用到真实语境中去，有部分学生一定会将对话与真实的生活场景融合在一起，产出不仅仅是课本中所出现的新的建议方法。这种思考的过程就是其思维品质的提升。

此外，在对话编排中，学生同时也体验了理发师这一角色，切实感受职业生涯所必备的交流技巧。学生了解了理发美容师这一行业的社会角色、社会分工的发展动态及其专业素养要求，形成对该行业的尊重与理解。

三、反思与建议

（一）创设合理情境，生涯思辨同行

在本次课堂案例中，我没有很好地去创设语言情境。恰当的语言情境能够帮助学生更好地理解角色和课文，也能帮助他们更好地进行语言输出。在授课中，我可以从一开始就创设给学生一个理发店的情境，我是理发师 Connie，而学生们都是理发学徒，一开始就以情境创设给学生下达该角色应该完成的任务。这样学生通过上课不仅能够体验职业角色，在合理的情境中产生代入感，在后期的课堂活动中还能够提升他们的思辨能力，刺激他们的语言运用和知识迁移。

合理的情境对语言的习得起着举足轻重的作用，它能刺激学生真实的表达和表达欲望。关注文体结构，关注题材的作用，通过代入角色的教学方法，能够让学生了解到不同的身份，面对不同的对象，要调整语言、语气、语调等。这点是

值得我去关注和合理设计的方面。

(二) 结合学生学情,合理教学策略

针对学情来具体设置教学中生涯教育任务就是要对教学策略进行明确。我校学生的基础相对薄弱,学习态度也有待提高。通过这次的案例反思,首先,我认为对我校学生采用的必须是 form-focus 和 meaning-focus 相结合的模式,并且最后一定还要回到 form-focus 模式来帮助学生巩固语言。也就是说,在对理发师这一职业角色的语言用词进行梳理之后,我需要创设各种大大小小的任务来帮助学生带着角色体验去使用语言,这样生涯体验的做法又会回归反哺学生更好地习得语言。

鱼与熊掌可否兼得？
——《合成氨工业》课中的条件选择教学案例

祝岩岩

本案例选取的是高一化学第六章《合成氨工业》，通过描述教学片段的设计与实施效果，旨在论述如何促进学生"自我察觉"——"自我探索"——"自我规划"的能力与素养，从而为更好地适应社会打下坚实的基础。

一、背景说明

2015年3月，教育部明确提出了"核心素养体系"的概念，将"核心素养体系"放在深化课程改革、落实育人目标的基础地位。化学核心素养是指化学这门课给予学生未来发展必备的品格和关键能力，包括：宏观辨识与微观辨析、变化观念与平衡思想、证据推理与模型认知、实验探究与创新意识、科学精神与社会责任。作为生活在现代社会中的人，衣食住行都离不开化学。化学既可以用来制造武器、破坏环境，也可以用来造福人类。只有掌握了化学知识，才能甄别生活中的真善美，才能学习如何更好地利用化学知识和思想提升我们的生活质量。正是这种社会生活的需求，使得我们在进行化学教学时更要培养学生必要的化学学科素养、思维素养和信息素养等。

化学教学也是提高学生各方面能力和素养的有效途径。化学即生活，生活中处处有化学，在化学教学中可适当引入与化学密切相关的真实情境，这是化学教学本原的回归。同时也能促进教学方式和学习方式的转变，有利于培养学生的创造性思维，充分发挥化学学科独特的育人功能。

高中化学教材中"化学反应速率和化学平衡理论在工业中的应用"，是对学生所学原理的巩固和提升。在真实的问题情境中，当反应速率和反应程度之间遇到矛盾时，在理论需求和实际生产条件之间出现矛盾时，该如何进行权衡和取舍。"鱼与熊掌可否兼得?"在我们的生活中,往往也会遇到类似的情况。希望通过这部分内容的学习,更多的学生在今后的生涯发展道路上,知道如何去思考、去行动。

二、案例说明

(一) 学情分析

我校是一所普通高中,由于主客观方面的原因,部分学生学习能力不强,对于概念原理的学习习惯于死记硬背,惧怕需要灵活分析、综合运用的知识和问题。一些学生不光课内知识消化吸收不好,课外知识也相对贫乏,更谈不上有多深的社会理解,加上对自我的认识和定位不清晰,导致学习目标和学习动力不足。这种情况体现在,很多同学到高三时还不知道自己想报考什么样的院校和专业,对未来的发展没有方向,这对学生的生涯发展来说是不利的。

(二) 教学材料分析

《合成氨工业》是高一化学第六章最后一节的内容,是对化学反应速率理论和化学平衡理论的综合应用。本节课的学习让学生体会到这两个理论不是割裂开来的,在现实的工业生产实践中,要做到又快又多,就要综合运用这两套理论。合成氨条件的选择是本节课的重点和难点,需要考虑多方面的因素,并进行取舍。其实,这与学生在生活中,包括在生涯发展过程中遇到的问题非常相似,涉及的因素很多,属于"复杂问题"。这节课的学习,正好可以引导他们"自我察觉",教给他们一种思考问题、进行选择的方式方法。

(三) 教学目标制定

本节课的教学目标:

1. 能应用勒夏特列原理和化学反应速率的影响因素综合分析合成氨的适宜条件,培养分析和解决问题的能力。

2. 学习合成氨的化学史话,理解科学进步是人类发展的动力源泉,培养勇于创新的科学精神。

3. 促进学生的自我察觉和社会认知,初步学习学业规划与职业规划的方法。

教学重、难点:合成氨适宜生产条件的选择。

(四) 课例描述

【教学片段设计1】

提出问题情境:我们已学习了有关化学反应速率和化学平衡等知识,那它们在化工生产实践中又有怎样的应用呢?"化工生产能否做到又快又多",其中"快"和"多"是化工生产中所需要兼顾的两方面问题,分别体现的是工业生产速率和产量两方面的要求。那具体又是如何实现这两者对立统一的?下面我们选择工业合成氨来加以讨论。

学生活动:根据化学反应速率影响因素和勒夏特列原理分析合成氨的生产条件。

合成氨的生产条件

合成氨的反应	$N_2 + 3H_2 \rightleftharpoons 2NH_3$	正反应为放热反应
分析角度　　期望效果	使合成氨的速率快	使平衡混合物中氨的含量高
压强	高压	高压
温度	高温 ⟸矛盾⟹	低温
催化剂	使用	不影响
反应物的浓度	增加	增加
生成物氨的浓度	增加 ⟸矛盾⟹	减少

合作探究:合成氨条件的优化。

1. 请尝试为合成氨选择合适的条件。
2. 在确定合成氨的适宜条件的过程中遇到了哪些问题?是怎样解决的?
3. 为了提高合成氨生产能力,还可以在哪些方面进一步改进?

探 究 的 内 容	探 究 的 问 题
1. 既然增大压强既可提高反应速率,又可提高氨的产量,那么在合成氨工业中压强是否越大越好?	压强怎么定?

(续表)

探 究 的 内 容	探 究 的 问 题
2. 既然降低温度有利于平衡向生成氨的方向移动,那么生产中是否温度越低越好?	温度怎么选择?
3. 催化剂对化学平衡的移动没有影响,在合成氨工业中要不要使用催化剂,为什么?	要不要用催化剂?

归纳:合成氨适宜条件

浓 度	压 强	温 度	催化剂
使气态 NH_3 变为液态 NH_3,从平衡混合物中分离出去,并及时补充 N_2、H_2。	20 MPa~50 MPa	500℃左右	铁触媒(500℃左右时活性最大)

习题训练:巩固理论的实际应用。

1. 工业制硫酸中氧化炉里的反应为: $2SO_2(g)+O_2(g) \rightleftharpoons 2SO_3(g)$,相关的实验数据见表,请分析:

(1) 应选用的温度是_____。

(2) 应采用的压强是_____,理由是_____。

温度 \ 转化率 \ 压强	不同压强 SO_2 的转化率(%)				
	$1.01×10^5$ Pa	$5.05×10^5$ Pa	$1.01×10^6$ Pa	$5.05×10^6$ Pa	$1.01×10^7$ Pa
450℃	97.5	98.9	99.2	99.6	99.7
500℃	85.5	92.9	94.9	97.7	98.3

方法总结:化学反应速率和勒夏特列原理两套理论,看似独立但又有联系。在实际的化工生产过程中,往往需要综合考虑速率和产率。今天通过分析合成氨和工业制硫酸的条件选择,同学们应该能够发现,现实生活中,有很多问题的解决是复杂的,它的影响因素不是单一的,往往需要进行权衡和取舍。

在工业生产中,通过控制变量的实验检测和综合的数据分析,结合可达到的设备要求和安全生产要求,可以确定最适宜的生产条件,尽力做到"鱼"和"熊掌"的兼得。在我们今后的学习、工作生活中,我们也可以运用类似的分析方法来解决问题。比如:如何根据自己的兴趣、特长、成绩等因素做好自己的学业规划和职业规划;报考什么样的院校和专业;如何平衡个人发展和社会发展的需求;等等,都需要进行权衡和取舍,争取利益最大化。希望今天的教学内容能够给大家带来启示。

【实施效果】

本节课阶梯设问和合作探究的开展有助于学生更加全面地考虑实际问题,让学生感受到化工生产条件的选择应以提高综合经济效益和减少环境污染为目的。最后的方法总结,让学生意识到学习生活中乃至今后的工作中,很多问题的考虑和解决都是复杂的,需要明确目标、考虑周全、取舍得当,有利于解决实际问题能力的培养,也利于激起学生对自身的考虑,促进他们生涯发展方面的自我察觉、自我探索和自我规划。但因为教学时间有限,不能更深入地阐述这个问题,若想让学生在生涯规划方面有更加明确的提升,还需要在今后的教学中抓住合适的机会进行指导和强化。

【教学片段设计2】

化学史介绍:

1918年,德国化学家弗里茨·哈伯因为发明合成氨方法而获得诺贝尔化学奖。

1931年,德国工业化学家卡尔·博施因为改进合成氨方法获得诺贝尔化学奖,他找到了合适的氧化铁型催化剂,使合成氨生产工业化,称为"哈伯—博施法"。

2007年10月10日,德国科学家格哈德·埃特尔因在表面化学研究领域做出开拓性贡献而获得诺贝尔化学奖,他最重要的贡献之一是合成氨的机理研究。

关于合成氨,历史上的科学家做了很多研究,也使得人工固氮有了很大的进展,但目前采用的合成氨法,氨气的转化率并不算高。人们还是在不断地对此进行研究,一刻也未曾停歇。关于合成氨,我们还有哪些方面能够进行改进呢?

学生讨论发言:可以从设备材料和低温催化剂等很多方面进行引导分析。

教师拓展介绍:目前关于生物固氮酶的研究进展等。

【实施效果】

化学史话的介绍可以让学生知道人工固氮是个比较困难的过程,但科学家面对如此难题并没有退缩,而是勇于尝试,迎难而上。关于合成氨的科学研究近百年来没有停歇过,人们总是在各个领域各个方面进行着探索,并取得进展。这些事实告诉给学生后,可以让学生认识到科学进步是人类发展的动力源泉,培养学生勇于创新的科学精神。这种科学精神和社会责任正是化学核心素养的内容之一,同时这种精神是可以迁移的,要让学生知道,勇于创新、迎难而上、持之以恒等特质,可帮助他们在个人生涯发展的道路上越走越远、越走越好。

三、反思与建议

这节课的教学引入真实的问题情境,让学生运用已有知识和方法综合分析化学问题,权衡利弊,初步培养了学生综合考虑问题的意识,使得学生能更好地了解化学、技术、社会之间的相互关系。化学史的介绍也让学生更多地感悟到化学对社会、对生活起到的重要作用。但在实际教学中,因为学生学习水平的差异和教学时间的限制,给予学生的思考和讨论时间不是很充裕,有待改进。

本节课的教学有助于学生化学素养的提升,除此之外,思考解决问题的方式方法也可以帮助学生进行今后的学业和生涯规划。这部分内容的理解和感知,需要教师的引导。在学生有所感悟时,及时点明主旨,可以帮助学生更好地理解教学意图,从而更好地达到教学目标。

专家评析

寻找生命色彩　奠基精彩人生

上海大学市北附属中学是一所普通高中学校,虽然生源在区域内不占优势,但是作为上海市教育委员会"高中生涯辅导实践研究"的项目学校,从2015年开始,不断开展生涯教育的实践探索,形成了自己的经验与特色。"生涯元素渗透于学科教学中"的生涯教育经验特色在全市全国范围并不多,这也是整个生涯教育的难点,因为这方面的实践拓展需要学校更多老师的创新和投入,也考验着校长的领导力。本书"生涯教育的元素渗透于学科教学中"展示的成果,反映出以下的特点:

1. 体现了学校人才培养的发展力

学校"从选拔到选择,从课堂到课程,从成绩到成长"的导向蕴含着一个深远的人才培养目标上的发展与变革,从而让学生能够认识自己和社会,谋划未来,主动顺应社会发展对人综合素养需求的"生涯教育",成为新高考改革背景下学校教育的重要内容,也成为提升学生核心素养的重要组成部分。

"生涯教育"不是选拔教育,是满足社会发展对人才的需求,满足学生全面、个性与终身发展的需要。"生涯教育"不单单是学生毕业时指导其升学对策掌握和明确就业方向,更是根据人的身心发展的不同阶段,实现不同的生涯发展任务。学校将"生涯教育"融入学科教育中,抓住了学生培养最大量的时间和最主要的阵地,体现了学校对学生成长的观点及其努力,也提升了学生的成长潜能。

2. 体现了学校教师教学的拓展力

作为教师,流传的名言是"分分分,学生的命根;考考考,教师的法宝"。一些教师将学科教学作为自己的一亩三分地,努力耕耘着。由此,也会造成一种现象:更注重知识的掌握,而忽视对学生个性特点和能力特长的关注;更注重课本知识的传授,而忽视知识在社会生活中的运用;更注重学生目前的学习状态,而忽视当前的学习和学生未来发展的连接,教师的教学和启发激励学生的未来发展有点脱节。

让生涯元素渗透于学科教学,广大教师投入于"生涯教育"的研究与实践中,教师不再只是看到书本上的学科知识,而是将学科知识与行业发展、社会职业及未来可能进行了连接和拓展,教师也能突破思维的墙,让心灵更加自由,这不仅促进了学生的发展,也焕发了教师的激情和动力,更能体现其教育教学的自发性和创造力。

3. 体现了学校校长的课程领导力

课程是校长领导学校全体教师创造性地实施规定课程,全面提升教育质量的能力;它是学校对课程规划、建设、决策、引领、实施、管理和评价的能力。校长在学校生涯教育实践探索过程中,依据学校的特点,联合家长和社会资源,不仅自己投身于生涯教育的事业中,而且领导和激励了大批教师,形成学习共同体,为学生的发展而开拓进取。

学校在校长的带领下,在新高考背景下,勇于开拓创新,积极申报项目,成为实践拓展的先期学校,开拓了生涯教育在全校的实践应用,建构了学校"生涯元素渗透于学科教学"的生涯教育特色。

从学校人才培养的发展力、学校教师教学的拓展力和学校校长的课程领导力,上海大学市北附属中学生涯教育的开展有声有色,成果也对很多学校进行过展示辐射和经验交流,给人以很多的启发和引领。通过"全学科"渗透、"全方位"浸染、"全贯通"发展的方式,为学生发展"寻找到了生命的色彩",也为他们的精彩人生奠定了坚实的基础。

附:作者简介

沈之菲,上海市教育科学研究院教授,上海学生心理健康教育发展中心副主任,上海市中小学心理辅导协会理事长,国家二级心理咨询师,学校高级心理咨询师。长期从事学校心理学的研究,撰写、主编了《生涯心理辅导》《点燃心中梦想——上海高中学校生涯教育实践案例精选》《开启未来之路——中小学生涯教育实施指南》《扬起理想风帆——中小学生涯教育活动方案设计》《抗疫期间中小学生及家长心理防护手册》等10部书籍。